ELISABETH VON THÜRINGEN

DARIA
BAROW-VASSILEVITCH

Elisabeth von Thüringen
Heilige, Minnekönigin, Rebellin

 Jan Thorbecke Verlag

Inhalt

Einleitung 6
sancta moderna – »moderne Heilige« 7
Martha und Maria. Neue Heiligkeit der Bettelorden 11
Das Reich zwischen Papst und Kaiser 17
Quellen zu Elisabeth und ihrer Umgebung 24

Die Herkunft Elisabeths und die ersten Lebensjahre 28
Ungarisches Königshaus 29
Die Ludowinger 31
Sängerkrieg und Prophezeiung 40
Nach Thüringen 43

Elisabeths Ehejahre 52
was er iuwer âmîs oder iuwer man? – beide, herre 53
Ludwig IV. von Thüringen und Elisabeth 53
Minne, êre, caritas 62
Abschied 76

Der Bruch – Elisabeth nach dem Tode Ludwigs 82

Auf dem Weg zur Heiligkeit 96
Ein Ketzermeister als Beichtvater 97
Dienerin und Auserwählte Gottes: Elisabeths letzte Jahre 104

»Gloria Teutoniae« oder »verratene Heilige«?
Das Nachleben Elisabeths 116
Heiligsprechung und Verehrung 117
Die Ikonographie Elisabeths 120
Schweres Erbe? Die Kinder Elisabeths und Ludwigs IV. 123
Niedergang und Aufstieg – die Sicht auf die heilige
Elisabeth von der Reformation bis zur Romantik 128
Die »Heilige unserer Tage« 141

Literatur **146**
Quellen zu Elisabeth von Thüringen **147**
Andere Quellentexte **148**
Nachschlagewerke **148**
Weiterführende Literatur **149**

Bildnachweis **151**

Einleitung

sancta moderna – »moderne Heilige«

Jakob von Vitry prägte 1215 in seiner Vita der seligen Maria von Oignies den Begriff *sanctae modernae in diebus nostris* (»neue Heilige unserer Tage«), der eine *neue* Lebenseinstellung und ein *neues* – und nicht nur religiöses – Bewusstsein einiger Generationen von Frauen unterschiedlicher Herkunft im Hoch- und Spätmittelalter umschreibt. Maria, eine Adelige aus dem Ort Oignies unweit von Lüttich, galt als eine Frau mit einem heiligen Lebenswandel, sie lebte in keuscher Ehe und übte gottgefällige Taten. Sie starb 1215 und war somit eine etwas ältere Zeitgenossin der Protagonistin dieses Buches, Elisabeth, Prinzessin von Ungarn, Landgräfin von Thüringen (1207–1231). Im Prolog zu seiner Vita erwähnt Jakob, der Priester und Beichtvater Marias war und später sogar das hohe Amt des Bischofs von Akkon bekleidete, ganze »Scharen heiliger Jungfrauen«, denen er im Herzogtum Brabant – es umfasste einige belgische und niederländische Provinzen – begegnet sei. Demnach sei Maria von Oignies kein bewundernswerter Einzelfall, sondern ein besonders schönes Beispiel einer aufkommenden religiösen Bewegung der Frauen. Diese Bewegung erfasste nicht nur Brabant, sondern weite Teile des Heiligen Römischen Reiches deutscher Nation, was sich in einer blühenden Literaturproduktion besonders in Süd- und Mitteldeutschland niedergeschlagen hat. Der Anlass dieser religiösen Frauenbewegung war zunächst das Aufkommen und die Verbreitung der neuen Bettel- und Predigerorden – Dominikaner und Franziskaner – mit ihrem strengen Armutsgebot und dem apostolischen Ideal. Dieses Ideal gründete auf einer engen Verbindung der *vita contemplativa* (Andachtsübungen und Schauung Gottes) mit der *vita activa*, der karitativ-tätigen Lebensführung. Das Ergebnis war die Herausbildung einer neuen »weiblichen Heiligkeit«, eines spezifischen Bildes jener *sanctae modernae*, das bis ins 15. Jahrhundert hinein seine Ausstrahlung nicht verlor.

Elisabeth von Thüringen, die sich seit ihrer frühesten Jugend karitativen Tätigkeiten sowie Askese- und Andachtsübungen

7

widmete, die der franziskanischen Frömmigkeit nahestand, die Etablierung dieses Bettelordens zumindest in ihrer Umgebung förderte und schließlich als einfache Hospitalschwester in die Welt von Elend und Krankheit eintauchte, sollte sicherlich als einer der Leuchttürme dieser religiösen Frauenbewegung gelten. Sie wurde als eine der wenigen »neuen Heiligen«, wenn nicht gar als einzige, »offiziell«, das heißt nach einem ordentlichen, durch den Papst eingeleiteten Verfahren heiliggesprochen, und nicht nur selig wie einige andere Frauen. Elisabeths Kult erreichte schon rasch nach ihrem Tod, ja sogar noch vor ihrer Heiligsprechung durch Papst Gregor IX. 1235 ein erstaunliches Ausmaß, dem auch die Reformation und die Entfernung ihrer Gebeine aus der ihr geweihten Wallfahrtskirche in Marburg keinen Abbruch taten. Doch findet man abgesehen von den etablierten Viten der heiligen Elisabeth in den zahlreichen Schriften für religiöse Frauen, die zwischen dem 13. und dem 15. Jahrhundert ein didaktisch wertvolles Modell der weiblichen Heiligkeit entwerfen wollten, relativ wenig Reflektion des eigentlichen Lebens der heiligen Elisabeth und ihrer Religiosität. War Elisabeth etwa ein Vorbild, das man mit Vorsicht genießen sollte?

Elisabeth steht ganz oben in der katholischen »Heiligenhierarchie«, doch kann man sich, studiert man ihre alten Lebensbeschreibungen, des Gefühls nicht erwehren, dass die majestätischen Altarstatuen und die erhabenen, mild auf das Elend dieser Welt herabschauenden Gestalten auf den vom Deutschen Orden in Auftrag gegebenen Prachtgemälden irgend jemanden zeigen, nur nicht die Elisabeth, die die mittelalterlichen Quellen beschreiben.

Das Hoch- und Spätmittelalter hat viele Frauen hervorgebracht, die durch Überwindung von Versuchungen, durch »niedere« schwere Arbeit, Askese und Demutsübungen gegen Widrigkeiten in ihrer Umwelt – Häresieverdächtigungen eingeschlossen – ihren Weg zur geistigen Vollkommenheit und zu Gott suchten und fanden. Diese Suche haben sie zum Teil selbst dokumentiert, zum Teil übernahmen dies ihre geistlichen Väter. Genannt seien hier die Begine und spätere Nonne des prominenten Klosters Helfta, Mechthild von Magdeburg, mit ihrem Werk »Das fließende Licht der Gottheit«, die gelähmte Magdeburger Reklusin Margareta Contracta (beide 13. Jahrhundert), die Ötenbacher Dominikanerin Elisabeth von Oye, Elsbeth Stagel, ebenfalls dominikanische Chorschwester in Töß, und die »gescheiterte« Begine Christina von Stommeln (letztere drei 14. Jahrhundert). Bei aller Verschiedenheit dieser begnadeten und leidenden »Dienerinnen Gottes« kann man viele ähnliche Motive in ihren Visionen, Anfechtungen und ihren Lebenswegen finden, einiges lässt sich auch durchaus mit Elisabeth vergleichen. Trotzdem hebt sie sich deutlich von dieser Gruppe ab, und das nicht nur wegen ihrer herausragenden gesellschaftlichen Stellung als Königstochter und Landesfürstin, wie wir sehen werden.

Warum erscheint Elisabeth, die scheinbar personifizierte »neue Heiligkeit«, das Frömmigkeitsideal der Massen von religiös Begeisterten im Mittelalter, nun so besonders unter den anderen zur Bewunderung und Nachahmung angebotenen Gestalten, sogar unter ihren zeitgenössischen »Schwestern im Geiste«? War Elisabeth etwa ihrer Zeit voraus? Kaum. Sie war zweifelsohne ein Kind ihrer Epoche, sie verstieß gegen gesellschaftliche Konventionen, ohne diese allerdings prinzipiell zu verwerfen, und wollte kein neues Ideal erfinden, sondern ein bereits etabliertes, nämlich das apostolische Armutsideal, leben. Es waren die Größe und die Mehrdimensionalität ihrer Persönlichkeit, ihre außergewöhnliche Kompromisslosigkeit und Konsequenz auf dem Weg zu ihrem Ziel, ihre Fähigkeit, »Rahmen zu sprengen«, die ihre Umwelt offensichtlich nicht selten in Verlegenheit brachte und die kein auch noch so didaktisch »geglätteter« Text zu tilgen vermochte. Die Zeitlosigkeit ihres Mutes zum Andersdenken und Anderssein machten sicherlich den besonderen Reiz für jedes Jahrhundert aus, sich zumindest aus Anlass der Jubiläen dieser außergewöhnlichen Frauengestalt von Neuem zu nähern. Dabei polemisierte jede neue Generation der Elisabeth-Forscher und -Biographen gegen ihre Vorgänger oder

9

ideologischen Gegner und warf öfters die Erkenntnisse anderer über Bord. Dieses Buch hat im Gegensatz dazu vor, Zeugnisse der als trivialisierend, ideologisierend, romantisch verklärend oder vulgär psychologisierend abgestempelten Elisabeth-Rezeption nebeneinander zu stellen und möglichst ohne Vorurteile zu betrachten. So kann man vielleicht das bunte Mosaik Elisabeths, dessen Hauptteile ohne Zweifel die mittelalterlichen Texte über das Leben der Heiligen sind, um einige interessante »Steine« erweitern und ergänzen. 800 Jahre nach dem Tode Elisabeths und nach einer fast 800-jährigen Geschichte des Reflektierens über ihr Wesen und ihre Taten muss man anerkennen, dass jede Epoche ihre eigene heilige Elisabeth suchte und entwarf, so dass man in ihrem sich ständig verändernden Bild eine Projektion der abendländischen Geistesentwicklung sehen kann.

Die mittelalterlichen »Hauptquellen« über das Leben und Wirken der heiligen Elisabeth sind Zeugnisse des immanent religiösen Bewusstseins der mittelalterlichen Autoren und ihres Publikums; die Annahme, alles Erzählte sei wahr und direkt zu verstehen, gehört zur inneren Logik und Schlüssigkeit dieser Texte. Deshalb sollte man versuchen, sich auf ihre Aussagen als die in sich ruhende »Wahrheit« des mittelalterlichen Weltbildes einzulassen, ohne aus der Sicht eines modernen Menschen den »wahren« Sinn des einen oder anderen »Wunders« ergründen zu wollen. Natürlich werde auch ich gelegentlich der Verführung erliegen, mit Kommentaren aus der Gegenwart den Fluss der mittelalterlichen Erzählung zu stören; mit meiner Darstellung der Figur Elisabeths und ihrer Umgebung hoffe ich, niemandem »auf die Füße zu treten«, weder »Skeptikern« noch »Romantikern«, weder Gläubigen noch Atheisten ... Dieses Buch richtet sich an diejenigen, die in der Hoffnung, der Lösung des angesprochenen Rätsels Elisabeths näher zu kommen, die besagten »Mosaiksteine«, also die durch den jeweiligen Zeitgeist geprägten Einzelbilder der Heiligen, zusammentragen wollen.

Elisabeth war zweifelsohne eine starke Persönlichkeit, eine Frau, die mit Konventionen brechen konnte und es für ihre Überzeugung auch tat. Dennoch war sie ein Kind ihrer Zeit und verkörperte den Zeitgeist des Hochmittelalters, zumindest einen wichtigen Teil davon. Deshalb ist es wichtig, zunächst die Zeit und den Zeitgeist zu beleuchten, in welche die Figur Elisabeths eingebettet ist. Es geht namentlich darum, das Wesen des neuen, von den aufkommenden Bettelorden geprägten Heiligkeitsideals zu erkennen und wenigstens in groben Zügen die politische Situation am Ende des 12. und im ersten Drittel des 13. Jahrhunderts zu skizzieren.

Martha und Maria. Neue Heiligkeit der Bettelorden

Die bereits zum Ende des 12. Jahrhunderts aufkommende breite religiöse Armutsbewegung brachte neue Orden, die so genannten Bettel- oder Mendikantenorden, hervor und wurde ideologisch wie organisatorisch von ihnen getragen. Dazu zählten unter anderem die Dominikaner (Predigerorden) und die Franziskaner (oder Minoriten, im deutschen Sprachgebrauch auch Minderbrüder genannt). Die Letzteren, unter geistiger Führung des heiligen Franziskus (Franz) von Assisi, erhielten 1210 von Papst Innozenz III. ihre Legitimation als Mönchsorden und wurden exakt zu Lebzeiten Elisabeths in Thüringen heimisch. Ihre Niederlassung in Eisenach fällt ins Jahr 1225 und wurde von der Landgräfin Elisabeth gefördert. Die franziskanische Lehre spielte fortan eine sehr wichtige, wenn nicht entscheidende Rolle im religiösen Leben Elisabeths.

Die Ordensphilosophien der Dominikaner und Franziskaner waren besonders attraktiv für Scharen religiös interessierter und nach Orientierung suchender Laien. Zunächst forderten alle Mendikantenorden ihre Mitglieder auf, persönliche Frömmigkeit mit seelsorgerischer Tätigkeit zu verknüpfen, das heißt sich um das Heil gefährdeter Seelen zu kümmern, seien es Laien oder gar Häretiker oder Heiden. Das Ziel der Bettelorden war es, arm wie Christus und seine Apostel zu leben und die christliche Lehre zu verkünden. Ihr Motto lautete: *Contemplata aliis tradere* (»aus der Beschauung mitteilen«).

Die in der altväterlichen Mönchstheologie unbestrittene Priorität der *vita contemplativa* (Andachtsübungen, Schauung und Erkenntnis Gottes in der Abgeschiedenheit eines Klosters oder in völliger Isolation, wie im Leben in der Wüste, in einer Höhle oder im Wald) vor der *vita activa* (Gottes- und Menschendienst durch karitative Arbeit) wird von den Mendikanten in Frage gestellt und umgedeutet. So nennt Thomas von Aquin das Apostolat – die Kombination der *actio* (Arbeit, Predigt, Studium, Seelsorge) mit der Kontemplation – die höchste Form des christlichen Lebens, wobei er die Priorität der *actio* betont. Diese Idee wird am neutestamentarischen Bild der beiden Schwestern Martha und Maria verdeutlicht. Das Lukasevangelium stellt die Szene so dar: »Da war eine Frau mit Namen Martha, die nahm ihn [Jesus] auf in ihr Haus. Und sie hatte eine Schwester, die hieß Maria; die setzte sich zu Jesu Füßen und hörte seiner Rede zu. Martha aber machte sich viel zu schaffen, ihm zu dienen. Und sie trat hinzu und sprach: Herr fragst du nicht danach, dass mich meine Schwester lässt allein dienen? Sage ihr doch, dass sie es auch angreife! Der Herr aber antwortete und sprach zu ihr: Martha, Martha, du hast viel Sorge und Mühe. Eins ist aber not: Maria hat das gute Teil erwählt; das soll von ihr nicht genommen werden« (Lk 10,38–42). In seiner Auslegung dieser Episode nimmt der Dominikaner Meister Eckhart (um 1260–1327/28) in einer seiner deutschsprachigen Predigten eine geradezu kühne Umkehrung der Akzente vor. Er stellt nämlich Maria als unreife, in ihrer Tugend nicht vollkommene junge Frau dar, die durch »die Güte Gottes« ergriffen war und »süßen Trost und Lust« in Gegenwart Christi empfand, doch »sie begehrte, sie wusste selbst nicht, was«. Martha dagegen ist erfahren durch ihr reiferes Alter und sich bewusst, dass niemand besser dem würdigen Gast dienen kann als sie selber. Sie erkannte weise, dass sie ihr »äußeres« Handeln auf das Allernächste richten soll, was die Menschenliebe gebietet, nämlich den Gast gebührend zu bewirten, so Meister Eckhart. »Martha stand da in herrlicher, wohl gefestigter Tugend und mit einem freien Gemüt, ungehindert von allen Dingen«. Das heißt, man erreicht durch die aktive Ausübung der Nächstenliebe eine Sicherheit und eine solche Freiheit des Geistes, dass man sich ungehindert mit Gott vereinen kann: Da Martha die Vollkommenheit der Tugenden in ihren Werken erreicht hat, wurde sie des göttlichen Lichtes teilhaftig, interpretiert Meister Eckhart. Maria, die träumerisch zu Füßen Christi sitzt, muss aufstehen und dem Gast dienen – Tugend durch Tat üben, dadurch lernt Maria, Martha zu sein. Seine Auslegung beschließt Meister Eckhart mit dem Satz: Heilige wurden auch erst dann zu Heiligen, als sie begannen, »Tugenden zu wirken«. Dieser Schlüsselgedanke der Mendikantenbewegung, den Meister Eckhart auf den Punkt gebracht hatte, war für Elisabeth von Thüringen und ihre Lebenseinstellung sicherlich von entscheidender Bedeutung.

Diese Umkehrung des Verhältnisses Martha–Maria zugunsten der tätigen Martha hatte offensichtlich weitgehende Folgen nicht nur für die Angehörigen der »neuen« Orden, sondern auch für die »alltägliche«, die praktizierte Frömmigkeit der Laien: Anfang des 13. Jahrhunderts setzte eine neue Form des religiösen Lebens der Frauen ein – das Beginentum. Beginengemeinschaften waren Gemeinschaften nach dem apostolischen Ideal und Armutsgebot lebender weiblicher Laien, die ihren Unterhalt durch karitative Arbeit bestritten und sich entweder an eine bestimmte Ordensregel hielten wie die dominikanisch orientierten Beginen oder nur nach dem allgemeinen Keuschheits- und Besitzlosigkeitsgebot lebten wie die Nachfolgerinnen des Franz von Assisi. Der angesprochene Jakob von Vitry erwirkte 1216 die Erlaubnis des Papstes Honorius III. für Geistliche, solche frommen Frauengemeinschaften in Frankreich und Deutschland zu unterstützen und seelsorgerisch zu betreuen. Einige Mendikanten haben diese Möglichkeit gern und frühzeitig wahrgenommen, um unter »ihren« Beginen *sanctae modernae* zu suchen, sie auf ihrem Weg zur Vollkommenheit zu fördern und sogar literarisch zu propagieren. Dennoch blieben die meisten Seelsorger

13

skeptisch und zurückhaltend bei der Betreuung der Beginengemeinschaften mit ihrem unklaren sozialen Status und strebten,
wo es ging, die Überführung dieser Gruppen in den Kloster-
status an. Desto bemerkenswerter erscheint vor diesem Hintergrund die Entscheidung Elisabeths, nach dem Tod ihres Gemahls ein unter franziskanischer geistlicher Betreuung stehendes
Hospital zu gründen und dort Hospitalschwester mit »niders-
ten« Aufgaben zu werden – gewissermaßen eine Begine – und
nicht, wie eine Witwe von ihrem Stand, als Chorschwester in
einem der Klöster den Schleier zu nehmen. So trat etwa die alte
Landgräfin Sophie, Elisabeths Schwiegermutter und von ihrem
vierten Lebensjahr an auch ihre Erzieherin, als Witwe in das
Eisenacher Zisterzienserinnenkloster ein. Obwohl die Nonnenklöster der neuen Orden »offiziell« nach dem Armutsgebot lebten, wurden sie – in erster Linie die Dominikanerinnen- und
Zisterzienserinnenkonvente – zu beliebten Herbergen von
Jungfrauen und Witwen aus Adel und städtischem Patriziat, die
öfter aus der Ruhe der Klausur heraus weiterhin ihren weltlichen, familienpolitischen oder gar politischen »Geschäften«
nachgingen.

Einen starken Einfluss auf das Bild des oder der »neuen Heiligen« übte die Lehre des Zisterziensers Bernhard von Clairvaux
über die *imitatio Christi* (Nachahmung Christi) aus. Der Sinn und
das Ziel der *imitatio Christi* sei die Vergegenwärtigung der Leiden des Mensch gewordenen Christus und die Vereinigung mit
Gott durch die Liebe und das Mit-Leiden – so postuliert Bernhard das Vollkommenheitsideal und das Wesen eines Heiligen
bereits Mitte des 12. Jahrhunderts in seiner Auslegung des Hoheliedes (*Sermones super Cantica canticorum*), die eine ungeheuer
intensive Aufnahme nicht nur in den »Gelehrtenschriften«, sondern auch in der erbaulichen Literatur für Laien gefunden hat.
In Schriften aus dem süddeutschen Dominikanerinnenkloster
Töß ist ein dem »heiligen Sant Bernhard« zugeschriebenes
Zitat als Lebensmotto einer begnadeten Schwester überliefert:
Wer nit lebet in der gerechtikait, der mag nit wonen in der wishait. Frei
interpretiert soll das Zitat wohl heißen: »Wer nicht mit seinen

Mitmenschen gerecht umgeht und tätige Liebe übt, der darf und kann nicht in die Weisheit Gottes eintauchen und sich mit ihm vereinigen.« Merken wir uns das Wort »Gerechtigkeit« – es wird für das Verständnis der Persönlichkeit Elisabeths und ihres Lebensprinzips Schlüsselbedeutung haben. Wie sehr Elisabeth die beschriebene Auffassung der *imitatio Christi* verinnerlicht hat, wird sich im Weiteren zeigen.

Das skizzierte Heiligkeitsideal der Mendikantenorden ist natürlich nicht im luftleeren Raum entstanden, sondern manifestiert das Verlangen breiter Bevölkerungsschichten von den »Geistesspitzen« in Klöstern und Universitäten über das ministeriale Rittertum bis hin zu den Bürgern und Bauern nach neuer, auf Gerechtigkeit und Moral basierender Lebensorientierung in einer Zeit, in der Gesetz und moralische Werte oft von den Mächtigen zu ihren Gunsten ausgelegt wurden. Eine Papstkirche, die das Erbe Petri sein sollte und gleichzeitig versuchte, durch das Kräftemessen mit den Kaisern ihre Einflussbereiche und ihren materiellen Reichtum zu konsolidieren und zu vermehren; Kaiser, die »halbherzig« Kreuzzüge unternahmen und sonst häufig über das Taktieren mit verschiedenen Gruppierungen von Landesfürsten und einen ziemlich planlosen Kampf gegen den Papst kaum hinauskamen; ewig untereinander verfehdete, mal den Kaiser, mal seine Gegner unterstützende Fürsten; ein niederes Rittertum, Bürger und Bauern, auf deren Rücken und mit deren Blut all diese Kämpfe ausgetragen wurden und die oft selbst lernten, gegen das Recht und treulos zu agieren; Scharen von Bettlern, Krüppeln und Aussätzigen, die ihre Menschenwürde gänzlich verloren zu haben schienen, und zahlreiche, für die Staatsordnung mehr oder weniger gefährliche Ideen verkündende Sekten – das alles ist die Realität der Epoche, in die Elisabeth hineingeboren wurde.

Daneben tauchen aber Spitzenfiguren der klösterlichen und universitären Gelehrsamkeit wie der tätigen Nachfolge Christi auf, geleitet vom neuen apostolischen Ideal. Die höfische Literatur

15

treibt ihre schönsten Blüten, die Minnesänger preisen die un-
erreichbare Dame oder besingen mit einer Freizügigkeit, die
nie ins Vulgäre ausartet, die erfüllte Liebe zwischen Mann und
Frau, es wird die Literaturgattung des Romans geboren, es
entstehen herausragende Denkmäler der sakralen und profanen
Architektur, die Burgbesitzer lassen ihre Festsäle mit Szenen
aus beliebten höfischen Romanen ausmalen – es seien nur die
Iwein-Fresken im Tiroler Schloss Rodenegg und im so genannten Hessenhof zu Schmalkalden (nach dem Roman Hartmanns
von Aue) sowie die Bilder zum »Tristan« Gottfrieds von Straßburg auf Runkelstein, ebenfalls in Südtirol, erwähnt. Die gleich-
berechtigte Liebe und gegenseitige Achtung der Ehepartner,
ja die Eigenständigkeit der Frau werden nicht nur in der Literatur – wohlgemerkt nicht nur in der weltlichen! – suggeriert,
in einigen Fällen – selten natürlich – wird dies sogar gelebt: Das
beste Beispiel dafür ist das Paar Elisabeth und Ludwig IV. von
Thüringen selbst, das uns im Weiteren eingehend beschäftigen
wird. Aber auch die unglückselige Gertrud, die Mutter Elisabeths, die die Geschicke ihres Landes mit Zustimmung ihres
charakterschwachen Mannes lenkt, bis sie von ungarischen Magnaten ermordet wird, die heilige Hedwig von Schlesien, Elisabeths Tante, zahlreiche, in Klosterschriften dokumentierte junge
Frauen unterschiedlicher Herkunft, die eine Heirat ablehnen
und gegen den Widerstand ihrer Umgebung den Schleier nehmen, um sich mit dem wahren, ersehnten Gemahl Christus
zu vereinigen – sie alle fielen aus der scheinbar unerschütterlichen
Frauenrolle als »Objekt« des gesellschaftlichen und familiären
Handelns. Auch dies ist die Zeit des Hochmittelalters.

Im Weiteren wird ein Überblick über die historischen Umstände
im 12. und in der ersten Hälfte des 13. Jahrhunderts gegeben, der
unmittelbar an den Bericht über die Familie, die Geburt und die
ersten Jahre Elisabeths heranführen soll, denn ihnen wurde eine
wichtige, durch und durch politische Bedeutung beigemessen.

Das Reich zwischen Papst und Kaiser

Um die Jahrhundertwende zum 13. Jahrhundert war das Heilige Römische Reich deutscher Nation tief gespalten. Nach dem unerwarteten Tod Kaiser Heinrichs VI., dem Sohn Friedrichs I. Barbarossa, 1197 in Messina an Malaria – nach einigen damals kursierenden Gerüchten sollte er von seiner Ehefrau Constanze vergiftet worden sein – entbrannte der Kampf zwischen den Anhängern der Staufer und der Welfen um die Kaiserkrone. Für mehrere Jahrzehnte herrschten nun unübersichtliche, verwirrende Zustände im Reich. Dies äußerte sich in der zeitweiligen Existenz gleich mehrerer gewählter deutscher Könige und in dem in seinen Motiven schwer nachvollziehbaren ständigen Frontenwechsel der Fürsten.

Obwohl die Wahl des minderjährigen Sohnes Heinrichs, Friedrich II., zum deutschen König bereits 1196 vollzogen worden war – für ihn stimmte auch der Thüringer Landgraf Hermann I., der künftige Schwiegervater Elisabeths –, wählte eine Gruppe von Landesfürsten Philipp von Schwaben, den jüngsten Sohn Friedrichs I. Barbarossa und Bruder des verstorbenen Heinrich VI., 1198 zum König. Die Partei um den Kölner Erzbischof Adolf, der Hermann I. sich vorübergehend anschloss, setzte wiederum 1198 diesem Beschluss die Wahl des Welfen Otto von Braunschweig, Sohn Heinrichs des Löwen und Mathildes Plantagenet von England, entgegen, womit es drei »gewählte« Könige gab. Die Situation rief kriegerische Auseinandersetzungen und schließlich ein Erstarken der Reichsfürsten auf Kosten der kaiserlichen Macht hervor, insbesondere weil nicht nur der thüringische Landgraf, sondern auch andere Größen des Reiches – König Ottokar von Böhmen, Herzog Ludwig von Bayern sowie die Erzbischöfe von Mainz und Magdeburg – nach dem Kalkül des politischen Augenblicks zwischen den Parteien hin und her wechselten.

Papst Innozenz III. (1198–1216) wurde als Schiedsrichter in diesem Streit angerufen, nutzte aber selbst die Gunst der Stunde, um seine Rechte dem Reich gegenüber zu erweitern. Dieser

17

politisch versierte und glänzend in Paris und Bologna ausgebildete Papst vollendete das Bild des »Papstkönigtums« und wurde schließlich *lux et stupor mundi* (»das Licht und Staunen der Welt«) genannt. Mit der Heiligsprechung Kunigundes, der Gemahlin des bereits 1146 heilig gesprochenen Kaisers Heinrich II. (1002–1024), im Jahre 1200, demonstrierte der Papst seine neu gewonnene Machtfülle und seine Rechte gegenüber dem deutschen Kaiser. War Heinrich II. noch selbst als Nachfolger des heiligen Petrus und Vikar Jesu Christi anerkannt, reservierte Innozenz III. diese Titel nun ausschließlich für den Papst, das hieß, nur er konnte Heiligsprechungen verfügen.

In der Weiterentwicklung seiner Machtkasuistik legte der Papst auch die Ernennung des Kaisers als seine eigene Aufgabe fest: Da das Kaisertum den Deutschen vom Papst zum Schutz der Kirche übertragen sei, komme ihm auch die Verpflichtung zu, den künftigen Kaiser zu prüfen und zu krönen, und nicht den Reichsfürsten, die das bis dahin getan hatten. Das Kirchenoberhaupt begab sich nun als »Realpolitiker« mitten ins Zentrum des Konfliktes. Zuerst setzte er auf Otto von Braunschweig als König.

1205 wurde der Widersacher Ottos, Philipp von Schwaben, der ja schon 1196 zum König gewählt worden war, gegen den päpstlichen Willen von Erzbischof Adolf von Köln in Aachen zum König gekrönt. Allerdings wurde er 1208 im bischöflichen Palast in Bamberg ermordet, wobei der Bischof von Bamberg, Ekbert, ein Onkel Elisabeths mütterlicherseits, der Mittäterschaft verdächtigt wurde und zu seiner Schwester Gertrud an den ungarischen Königshof fliehen musste. Den Mord hatte Otto von Wittelsbach, ein Vetter der Thüringer Landgräfin Sophie, der Mutter Ludwigs IV. und künftige Schwiegermutter Elisabeths, verübt. Diese Bluttat, die sicherlich nicht ohne Zutun oder Mitwissen König Ottos IV. vollbracht wurde, stellte allein offensichtlich kein Problem für die deutschen Fürsten und Innozenz III. dar. Erst als Otto versuchte, sich angeblich zur Wahrung der Reichsinteressen gegen den Willen des Papstes zu stellen, wandte sich Innozenz III. von seinem bisherigen Günstling ab und belegte ihn wegen seiner Übergriffe auf Sizilien, wo der junge Friedrich II., ein Mündel des Papstes, lebte, mit dem Kirchenbann.

In Folge des Verlustes der päpstlichen Gunst verlor Otto von Braunschweig auch die Unterstützung von immer mehr deutschen Fürsten. 1211 sagten sie sich in Nürnberg demonstrativ von ihm los und wählten Friedrich II. zum Kaiser. Ihm hatten sie ja schon einmal ihre Treue als König gelobt, diesen Schwur dann aber wegen Friedrichs altersbedingter Regierungsunfähigkeit »vergessen«. Innozenz III. unterstützte Friedrich II. gegen dessen Versprechen, Unteritalien und Sizilien als päpstliche Lehen nie ins Reich zu integrieren. 1215 krönte er Friedrich II. in Aachen zum Kaiser.

Die Gestalt dieses Kaisers war voller Gegensätze – die einen hielten ihn für einen Papst- und Kirchenfeind, die anderen für einen »Messiaskönig« und Friedensfürsten, Nietzsche nannte ihn später den »ersten modernen Menschen«. Auf seinem Lebensweg erscheint Friedrich zuerst als Mündel des Papstes, an dessen Existenz sich der von Otto IV. von Braunschweig enttäuschte Innozenz III. »erinnert« und ihn mit französischer Hilfe den Kaiserthron besteigen lässt – Otto als Verwandter der englischen Herrscher war den Franzosen ein Dorn im Auge. Dann begegnet man Friedrich als einem unversöhnlichen Papstgegner, als einem gebannten Rebell, später wieder als einem von religiösen Gefühlen ergriffenen Büßer, der sich vor der Größe der heiligen Elisabeth – der Frau, die er als Witwe angeblich sogar ehelichen wollte – verneigt und bei der Erhebung ihrer Gebeine 1236 auf ihr totes Haupt eine goldene Krone setzt. Friedrich unternahm 1227 zwar einen Kreuzzug, bei dem der Gemahl Elisabeths, Ludwig IV. von Thüringen, an einer Seuche starb, kehrte aber bald um, weswegen er vom Papst mit dem Kirchenbann belegt wurde. Seitdem stand er mit der Kirche nahezu ohne Unterbrechung – eine davon war z.B. zum Zeitpunkt der Erhebung der Gebeine der heiligen Elisabeth – auf Kriegsfuß. So setzte er sich ohne Zustimmung des Papstes nach der politischen Heirat mit der Erbin des Königreichs Jerusalem die Krone des Königs von Jerusalem als weltlicher Herrscher auf.

Nach gescheiterten Kreuzzügen und angesichts der nur allzu weltlichen, auch militärisch ausgetragenen Kämpfe zwischen Kaiser und Papst, durch die unzählige Menschen ums Leben kamen und Landstriche verwüstet wurden, begann in ganz Europa ein massiver Abfall von der Kirche. Auch die Berührung mit der Kultur des Morgenlandes trug das Ihre zu den Zweifeln aller Bevölkerungsschichten an der Papstkirche bei. Das Verlangen der Menschen nach einer neuen Religiosität abseits der in den Augen vieler nach Geld und Macht gierenden »offiziellen« Kirche brachte zwei neue große Strömungen hervor. Auf der einen Seite waren dies die das apostolische Ideal verfolgenden Bettelorden und solche »Spitzen« der Geistlichkeit wie Franz von Assisi, Dominikus, Elisabeth von Thüringen, Klara von Assisi, Antonius von Padua und andere. Papst Innozenz III. hatte angeblich einen Traum, in dem die Laterankirche, die Mutter aller Kirchen, einzustürzen drohte und von einem Mann im Bettlergewand gestützt wurde. Dieser Bettelmönch war Franz von Assisi. Die »neuen Heiligen« sprengten zwar keine Autoritäten, mit ihrer tätigen, den »Minderen Gottes« zugewandten Frömmigkeit aber »schufen sie Fakten« und retteten das Ansehen der päpstlichen Kirche insoweit, dass es erst im 16. Jahrhundert mit Luther zu einer Kirchenspaltung kam. Auf der anderen Seite kamen viele, nicht nur die kirchliche, **20** sondern auch die staatliche Autorität ablehnende Ketzerbewegungen (Geißler, Katharer, Albigenser, Waldenser, Luziferaner etc.) gerade auch im einst kreuzzugsbegeisterten Frankreich auf. Gegen diese wandte sich nun nicht nur die Papstkirche, sondern auch die Kaiser, die sich zwar weiterhin gelegentlich selbst in Konfliktsituationen mit dem Heiligen Stuhl befanden, bei der Häresiebekämpfung jedoch mit Rom an einem Strang zogen.

Papst Lucius III. erreichte mit Billigung Kaiser Friedrichs I. Barbarossa 1184 in Verona den Erlass eines Beschlusses über die Einführung des Ketzergerichts als Maßnahme gegen den sich verstärkenden Abfall von der Kirche. Otto von Braunschweig und Friedrich II. erklärten 1209 bzw. 1213 und 1219 ihr Einverständnis mit der Einführung von Ketzergesetzen und Maßnahmen zur Ausrottung der Häresie im Reich. Hierzu erließ Friedrich II. in der Peterskirche zu Rom auch eine Konstitution, die in Anlehnung an das 4. Laterankonzil ein hartes Vorgehen gegen die in den Verdacht der Häresie Geratenen vorschrieb mit Ächtung, Konfiszierung der Güter, Entzug der Erbrechte der Kinder, Zerstörung des Hauses und Landesverweis, jedoch nicht den Feuertod. Allerdings willigte er später sogar bei Letzterem ein.

Doch das Volk kehrte weiterhin massenhaft der Papstkirche den Rücken, die Sekten florierten. So nahm die Inquisition immer deutlichere Gestalt an. Papst Gregor IX. erließ 1231 Dekrete, denen zufolge auch Ketzer, die sich mit der Kirche aussöhnten, zum ewigen Kerker verurteilt werden sollten und alle »guten Christen« unter Androhung des Kirchenbannes angehalten wurden, der Ketzerei Verdächtige auch ohne direkte Aufforderung den Inquisitoren zu melden. Im darauf folgenden Jahr erließ Kaiser Friedrich II. seine Ketzergesetze auf dem Reichstag von Ravenna. Um härter gegen die Ketzerei durchzugreifen, entzog Friedrich den deutschen Bischöfen, die als zu zurückhaltend in ihren Häresieurteilen galten, das Inquisitionsrecht.

Nun waren die letzten Hindernisse für die Eröffnung eines breit angelegten Kampfes gegen die Häresie beseitigt, wobei der durchschlagende »Erfolg« und das Ausmaß der Verfolgung in Thüringen und am Rhein im ersten Drittel des 13. Jahrhunderts nicht zuletzt der »Begabung« und dem Fanatismus Konrads von Marburg, des Beichtvaters und »Zuchtmeisters« Elisabeths, zu verdanken waren. Mit dieser dunklen Gestalt an der Seite der heiligen Elisabeth werden wir uns später eingehend beschäftigen. Hier sei er nur in Bezug auf die Entwicklung der Ketzerbekämpfung in den dreißiger Jahren des 13. Jahrhunderts erwähnt.

Konrads Erfolge beim Aufspüren von Ketzern – sein zweites Standbein neben seiner ersten Profession, der Kreuzzugpredigt – waren offensichtlich so glänzend, dass Papst Gregor IX. bereits 1227 in einem Brief an ihn seine völlige Zufriedenheit mit den Ergebnissen der Bemühungen Konrads äußerte und ihn aufforderte, seine Tätigkeit auszuweiten und neue Helfer

21

hinzuzunehmen. 1229 wurden erste Ketzerverbrennungen aus Straßburg gemeldet; allerdings ist eine unmittelbare Beteiligung Konrads nicht belegt. Besonders stark weiteten sich die Ketzerverfolgungen nach einem weiteren, in höchstem Maße lobenden und ermunternden Schreiben Gregors IX. an Konrad von 1231 aus (im Übrigen ist dies das Todesjahr Elisabeths). Das Motto des beflügelten Ketzermeisters lautete: »Hundert Unschuldige verbrennen wir, wenn nur ein Schuldiger darunter ist.« Nicht nur die niederen Stände, sondern auch die einflussreichen Edelleute mussten sich jetzt vor den Prozessen fürchten. Vor Gericht, so sagen übereinstimmend Chroniken und Berichte – zum Beispiel des Mainzer Erzbischofs –, hatte man keine Möglichkeit, sich zu verteidigen; man hatte nur die Wahl zu gestehen, »Mitschuldige« zu verraten und daraufhin als Büßer geschoren zu werden oder nicht zu gestehen, niemanden zu verraten und dann verbrannt zu werden. In der Diözese Mainz richtete Konrad seine Ermittlungen und Anklagen erstmals massiv auch gegen Edelleute, doch dieser »Höhepunkt« seiner Karriere war gleichzeitig auch das Signal zu seinem Niedergang und zum Abflauen der Verfolgungen insgesamt.

Am 25. Juli 1233 wurde der am Mittelrhein sitzende Graf von Sayn zum Hoftag nach Mainz geladen, um sich den Häresiebeschuldigungen Konrads zu stellen. Vor König Heinrich VII., dem Sohn Friedrichs II., als Gerichtsvorsitzenden bewies der Graf, eine wichtige Stütze des Erzbischofs von Mainz, der sich selbst zunehmend vom Tun Konrads distanzierte, die Zeugnisunfähigkeit der von Konrad gestellten Zeugen und verteidigte sich mit großem Erfolg vor zahlreichen anwesenden Vertretern des Hochadels. Schließlich wurde eine Vertagung der Verhandlung beschlossen, und König Heinrich beantragte gemeinsam mit Reichsfürsten ein päpstliches Votum gegen die von Konrad praktizierte Art der Gerichtsbarkeit. Es gab zwar nie eine Antwort darauf, aber auch kein Nachspiel des Prozesses gegen den Grafen von Sayn – er blieb ein unbescholtener Edelmann.

Kurz nach seiner ersten großen Niederlage in einem Ketzerprozess wurde Konrad von einer Gruppe Adeliger aus dem

Umfeld der Grafen von Döhrenbach und von Sayn aus Rache für sein in ihren Augen gesetzloses Handeln ermordet, vor allem wohl auch, weil er in seinen Verfolgungswahn und -eifer »zu hoch gegriffen« hatte. Nach Konrads Tod flaute die Welle der Ketzerverfolgungen in Deutschland ab und erlosch nach wenigen Jahren weitgehend. So bezeugt die Wormser Chronik, dass 1235 die Prozesse in der Art, wie sie Konrad geführt hatte, gänzlich aufgehört hatten.

Mitten hinein in dieses macht- und kirchenpolitische, dynastische, ideologische Geflecht wurde die heilige Elisabeth 1207 geboren. Ohne sich bewusst und gewaltsam von allen Abhängigkeiten und Bindungen innerhalb dieses Geflechts zu trennen, wurde sie von einem bloßen Objekt zu einem handelnden Subjekt der Geschichte. Elisabeth wurde vierjährig als ungarische Prinzessin mit dem Erben des einflussreichen Thüringer Landgrafen aus machtpolitischem Kalkül verlobt. Mit vierzehn wurde sie durch Heirat Landgräfin und fand zu beider Glück nicht nur einen liebenden, sondern auch respektvollen und gleichgesinnten Ehepartner vor, an dessen Seite sie ihre gelebte Religiosität und Menschenliebe entfalten konnte. Elisabeth musste staatstragend sein und repräsentieren, und doch schockierte sie den Thüringer Hof und seine vornehmen Gäste, auch die Gesandten ihres königlichen Vaters, mit ihren Auftritten im einfachen Wollkleid, dem Spinnen und der eigenhändigen Pflege von Armen und Kranken. Scheinbar beugte sie sich der Autorität und der Geißel ihres Seelsorgers, des fanatischen Inquisitors Konrad von Marburg, der ganz Deutschland mit seinem Terror überzog, und blieb trotzdem nur sich und ihrer Berufung als *dei discipula* (Dienerin Gottes) treu.

Im Unterschied zu den bereits erwähnten Visionärinnen Mechthild von Magdeburg, die ihr Werk »Das fließende Licht der Gottheit« auf Anregung ihres geistlichen Betreuers verfasste, oder Elsbeth von Oye, von der sogar eigenhändige Aufzeichnungen ihrer Visionen, Auditionen und Anfechtungen erhalten

sind (Handschrift Rh 159, Zentralbibliothek Zürich), sind von
Elisabeth keinerlei schriftliche Zeugnisse bekannt. Sie war eine
gebildete Frau und hat durchaus, wenn auch recht zurückhaltend, Vertrauten über ihre Gnadenerlebnisse berichtet, sie aber
aufzuschreiben oder aufschreiben zu lassen ... Ich nehme mir die
Freiheit zu vermuten, dass Elisabeth schlicht keine Zeit dazu
hatte; trotz ihrer hingebungsvollen Kontemplationsübungen war
sie in ihrem »Martha-Leben« zu sehr nach außen gekehrt,
Elend, Krankheit und dem Schmerz der Welt zugewandt. Die
Bedürftigen verlangten eher nach ihrem körperlichen Einsatz
und ihrem Trostwort als nach schriftlicher kontemplativer Selbst-
reflexion. Was an Zeugnissen ihres Lebens, ihrer eigenen Persönlichkeit und jener, die Einfluss auf sie hatten, vorliegt, sind
Berichte, die im Zusammenhang mit ihrem Heiligsprechungsprozess entstanden sind sowie davon abgeleitete Heiligenviten.
Bevor wir nun zum Bericht über das Leben Elisabeths, über
ihre Familie und das Geschlecht der Ludowinger, an deren Hof
Elisabeth erzogen wurde und mit deren Spross sie in den Ehe-
stand trat, übergehen, wird ein kurzer Überblick über die Quellen
gegeben, welche die größten und wichtigsten Mosaiksteine für
unser Elisabeth-Bild liefern werden.

24 Quellen zu Elisabeth und ihrer Umgebung

Das erste Zeugnis über das tugendhafte Leben Elisabeths ist die
Summa vitae des Konrad von Marburg von 1232, verfasst als eine
der wichtigsten Unterlagen für das von Konrad beim Papst beantragte Heiligsprechungsverfahren. Hinzu kamen Protokolle
über die Wunder am Grab Elisabeths von 1232/33 und 1235 und
der *Libellus de dictis quatuor ancillarum sanctae Elisabeth confectus*
(»Büchlein von den Aussagen der vier Dienerinnen«) von 1235,
eine Niederschrift der beeidigten Zeugenaussagen von vier
Dienerinnen Elisabeths bei einer amtlichen Anhörung in Marburg im Rahmen des Kanonisationsverfahrens. Eine erweiterte
Fassung davon ist ein paar Jahre später, aber noch vor 1239

entstanden. Auf diesen Dokumenten basieren drei der ältesten Elisabeth-Viten: jene des Cäsarius von Heisterbach aus dem Jahre 1237 und zwei anonyme, die vor 1240 im Umkreis Kaiser Friedrichs II. und der päpstlichen Kurie entstanden.

Auszüge aus diesen Texten und aus Wunderprotokollen fanden Eingang in die *Legenda Aurea* des Jacobus de Voragine, die berühmteste und verbreitetste Sammlung von Heiligenleben. Seit der Mitte des 13. Jahrhunderts tauchen Texte über das Leben der heiligen Elisabeth – darin auch zum ersten Mal die Erwähnung des so genannten »Rosenwunders« – im Umkreis der Franziskaner auf, überliefert in nordfranzösischen und oberitalienischen Handschriften.

Eine der wichtigsten Quellen zum Leben Elisabeths und ihres Gemahls ist die lateinische *Vita Ludovici*, verfasst um 1228 von Berthold, dem Hofkaplan der Wartburg, der Ludwig stets – auch auf dem Kreuzzug – begleitete. Dieser Text sowie spätere Zusätze sind in der *Chronica pontificum et archiepiscoporum Magdeburgensium* überliefert – es werden Nachfahren der Ludowingergeschlechts erwähnt, die erst Anfang des 14. Jahrhunderts gewirkt haben, sowie Wunder am Grabe Ludwigs, von denen Berthold auch nichts wissen konnte. 1308 oder etwas später entstand in Reinhardsbrunn, dem Hauskloster der Thüringer Landgrafen, auch eine deutsche Übersetzung der *Vita Ludovici*
25 unter dem erweiterten Titel *Daz lebin des ediln togenthaftigin lantgraven Lodewigis, der da was elich gemal unde wirt der heiligin hochgebornen frouwen Elyzabeth*. Bemerkenswert erscheint, dass hier, obwohl Landgraf Ludwig IV. der eigentliche Protagonist ist, er hauptsächlich als Gemahl Elisabeths vorgestellt wird. Die Zugehörigkeit zu der beliebten Heiligen ist nun mal »der Aufhänger«, der das Publikum viel mehr zu fesseln verspricht als beispielsweise die Erwähnung seiner politischen Taten oder sogar die Beteiligung an einem Kreuzzug, zumal zu dieser Zeit das »Standardwerk« zu Elisabeth von Dietrich von Apolda bereits erschienen war. Der Übersetzer, Friedrich Ködiz von Salfeld, war Rektor der Klosterschule in Reinhardsbrunn. Die maßgebliche Handschrift aus dem Besitz des Kasimir-Gymnasiums in Coburg

überliefert neben dem »Leben Ludwigs« auch das »Leben der heiligen Elisabeth« von Johannes Rothe und eine Lebensbeschreibung von Jutta, einer der Dienerinnen Elisabeths, basierend auf dem oben erwähnten *Libellus*.

Bemerkenswerterweise gab es fünfzig Jahre nach Elisabeths Heiligsprechung immer noch einen Widerspruch zwischen der sichtbar intensiven Verehrung ihrer Person und einer relativen Armut an literarischer Überlieferung: Bis auf den *Libellus* waren alle Texte wenig verbreitet, weil sie sich als Lektüre für die »Massen« nicht eigneten. Erst mit dem wohl umfassendsten mittelalterlichen Werk über Elisabeth von Thüringen, der *Vita sanctae Elyzabeth* des Dominikaners Dietrich von Apolda, erschien zwischen 1289 und 1291 ein Text über das Leben Elisabeths, der der Verbreitung und Intensität der Elisabeth-Verehrung entsprach. In Dietrichs *Vita* wurden die alten Texte vom Heiligsprechungsprozess Elisabeths, die Legendenliteratur, Kaplan Bertholds *Vita Ludovici* und die mündliche Volksüberlieferung in Thüringen und Hessen zusammengefasst. Im Vorwort zu seinem Werk beschreibt Dietrich, der sich selbst als in Thüringen geborener Priester des Predigerordens vorstellt, seine Beweggründe und seine Vorgehensweise als Autor folgendermaßen: Er habe beschlossen, über das »Leben, die Sitten und Wundertaten« Elisabeths zur Besserung derjenigen, die es lesen oder hören, eine wahrhaftige Geschichte zu schreiben. Ihm lägen das »Büchlein der vier Mägde« und die Schrift Konrads von Wartburg [von Marburg], die dieser an Papst Gregor IX. [Konrads *Summa vitae*] gesandt hatte, vor. In diesen zwei Schriften wäre nichts als die Wahrheit enthalten. Ihm erschien aber die Verständlichkeit dieser Dokumente nicht vollkommen, deshalb besuchte er Städte, Burgen und Klöster beider Geschlechter [Elisabeths und Ludwigs], Orte, an denen Elisabeth gewohnt und die sie besucht hatte, und befragte dort Geistliche nach ihrem Wissen über die Heilige. So habe er einen Sermon und andere Schriften und Chroniken der geistlichen Väter bekommen, die er für absolut vertrauenswürdig halte. Dies alles habe er in kurzer Form zusammengefasst, um die Leser nicht zu überfordern.

Das macht verständlich, warum sich Dietrichs Text einer solchen Beliebtheit in breiten Bevölkerungsschichten erfreute, ins Frühneuhochdeutsche übersetzt wurde und 1520 als Buchdruck unter dem Titel *Cronica sant Elisabet* bei Matthes Maler in Erfurt erschien. Ausgehend von Dietrichs *Vita* entstanden die Verslegende »Das Leben der heiligen Elisabeth« (hessischer Raum, um 1300), das paargereimte Elisabethleben des Eisenacher Ratsschreibers, Kaplans und Kanonikers Johannes Rothe (1421), eine Kurzvita Elisabeths im weit verbreiteten Prosalegendar »Der Heiligen Leben« (Nürnberg, Ende des 14. Jahrhunderts) und *Der lieben frouwen Sant Elysabeten der landgrefin leben* (franziskanische Tradition, 15. Jahrhundert).

Nur wenige von Dietrichs Vorlage unabhängige Texte wie die Elisabeth-Vita im *Passional*, einem um 1300 ins Deutsche übersetzten Verslegendar, und in der *Elsässischen Legenda Aurea*, der ersten bekannten deutschen Übersetzung der *Legenda Aurea* aus dem 14. Jahrhundert, waren vergleichbar beliebt. Alle erwähnten Texte über das Leben der heiligen Elisabeth gehören zu der im Mittelalter wohl beliebtesten Gattung der so genannten hagiographischen Literatur – der Beschreibung von Heiligenleben.

In der weiteren Darstellung stütze ich mich vor allem auf den *Libellus*, die *Vita Ludovici* und die *Vita sanctae Elyzabeth*. Ersterer wird in der deutschen Übertragung von Albert Huyskens aus dem Anfang des 20. Jahrhunderts benutzt, die beiden anderen in den erwähnten alten Übersetzungen ins Mittel- und Frühneuhochdeutsche.

Die Herkunft Elisabeths und die ersten Lebensjahre

Ungarisches Königshaus

Elisabeth entstammte zwei europäischen Herrschergeschlechtern, die auffallend viele als heilig geltende Persönlichkeiten, aber auch skrupellose »Realpolitiker« hervorbrachten. Dem ungarischen Königshaus der Arpaden väterlicherseits gehörten die heiligen Stephan, Emerich und Ladislaus an, die im 10. und 11. Jahrhundert lebten.

Der Vater Elisabeths, Andreas II. (gest. 1235), gelangte nach einem Krieg gegen seinen Bruder auf den Thron. Er galt in der zeitgenössischen Geschichtsschreibung als ein König, der im Schatten seiner aktiven, mit starkem »männlichen« Sinn für die Staatsgeschäfte begabten und intriganten Gattin stand, aber offensichtlich stark genug war, nach ihrem gewaltsamen Tod 1213 einige bedeutende Aktionen durchzuführen. So führte er in den Jahren 1217/18 einen Kreuzzug an, der allerdings sein Ziel nicht erreichte, und vertrieb 1225 den Deutschen Orden aus Ungarn, als dieser versuchte, das Burzenland und das kumanische Gebiet aus dem ungarischen Königreich herauszulösen, um daraus einen unabhängigen Ordensstaat unter päpstlicher Lehnshoheit zu begründen. Kaplan Berthold, der Biograf von Elisabeths Gatten, beschreibt Andreas als einen »gütigen friedsamen Herren«.

29   Die Mutter Elisabeths, Gertrud, stammte aus dem Geschlecht von Andechs-Meran. Ihr Vater Berthold IV. (gest. 1204), Herzog von Meran und Markgraf von Istrien, herrschte auch über Bayern, Kroatien und Dalmatien und beteiligte sich am Kreuzzug von 1198. Alle seine Kinder und Kindeskinder, die gemäß ihrer Herkunft Schlüsselpositionen in der politischen oder kirchlichen Hierarchie einnahmen, machten von sich reden im Reich, sei es wegen ihres Rufs als heilige Personen, sei es wegen Affären, in die sie verwickelt waren.

Alle Quellen bezeichnen Gertrud, Königin von Ungarn, übereinstimmend als eine tugendhafte, sich durch weibliche Zucht sowie »männliches« Temperament und ebensolche Denkweise auszeichnende Herrscherin. Sie wurde, wie erwähnt, als Folge von Auseinandersetzungen um die Hausmachtpolitik in Ungarn 1213 erschlagen. Eine andere, glaubwürdigere Version der Motive dieses Mordes ist die, dass Gertrud in ihrer »Geschäftigkeit« die Deutschen am Hofe bevorzugte, was den Zorn der benachteiligten ungarischen Magnaten hervorrief, die schließlich in einem Komplott sich und ihren König an der »bösen Deutschen« rächten. Dietrich von Apolda spricht dagegen von der Unschuld der Königin, die von boshaften mächtigen Personen am Hof ungebracht wurde.

Eine Schwester Gertruds, Agnes, heiratete den König von Frankreich, der allerdings bereits verheiratet war und seine Frau um Agnes willen in ein Kloster abschob. Ihr Bruder Eckbert, der Bamberger Bischof, geriet in Verruf, weil er in die Mordaffäre Philipps von Schwaben verwickelt gewesen sein soll, und musste sich deshalb am ungarischen Hof bei seinem königlichen Schwager Andreas und seiner Schwester Gertrud in Sicherheit bringen, um dort das »Gewitter« auszusitzen. Er und eine weitere seiner Schwestern, Mathilde, die Äbtissin im Kloster Kitzingen war, spielten später eine wichtige Rolle im Schicksal der verwitweten Elisabeth, nachdem sie die Wartburg verlassen hatte.

Noch eine weitere Tante Elisabeths mütterlicherseits, Hedwig, die später heiliggesprochene Herzogin von Schlesien, war dadurch bekannt, dass sie in keuscher Ehe mit ihrem Gatten lebte, ihn von manchen Grausamkeiten abhalten konnte und den Armen und Kranken half. Sie wird bis heute als Patronin von Schlesien verehrt.

Wie man sieht, gab es für Elisabeth in ihrer Familie genug positive wie negative Vorbilder für ihre eigene Lebensführung und die Gestaltung ihres eigenen Weltbildes. Zu berücksichtigen ist dabei, dass die Ausbildung der Persönlichkeit Elisabeths eigentlich nicht bei ihren leiblichen Eltern, sondern am Hofe ihrer künftigen Schwiegereltern auf der thüringischen Wartburg geschah.

Anzumerken sei noch im Hinblick auf das ungarische Königsgeschlecht, dass die Tradition eines heiligmäßigen Lebens nicht nur in der Linie Elisabeths vererbt wurde: drei Nichten

Elisabeths, Kunigunde, Jolenta und Margareta – Töchter ihres Bruders Bèla IV. von Ungarn – wurden seliggesprochen, eine Großnichte Elisabeths, Elisabeth von Portugal – eine Enkelin von Elisabeths Schwester Jolanthe und deren königlichem Gemahl Jakob von Aragon –, wurde sogar heiliggesprochen. Es wird vermutet, dass das so genannte »Rosenwunder«, das als Motiv in den Legenden über Elisabeth von Thüringen im 14. Jahrhundert auftaucht, ursprünglich Elisabeth von Portugal zugeschrieben – sie starb 1336 – und dann absichtlich oder durch ein Missverständnis auf ihre Großtante übertragen wurde.

Die Ludowinger

Dem thüringischen Landgrafenhaus fällt, wie gesagt, eine ungleich wichtigere Rolle im Leben der heiligen Elisabeth zu als ihren Blutverwandten in Ungarn. Gleich nach ihrer Geburt mit dem Erstgeborenen des Landgrafen Hermann I. verlobt, wurde die erst Vierjährige zur Erziehung in der Kultur und Sprache ihres künftigen Mannes nach Thüringen geschickt, um nur ein einziges Mal – im zweiten Jahr ihrer Ehe in Begleitung ihres Gatten, kurz vor der Geburt ihres ersten Sohnes – ihrem inzwischen verwitweten Vater in Ungarn eine Höflichkeitsvisite abzustatten. Eine zweite Begegnung mit ihren ehemaligen Landsleuten fand in den letzten Lebensjahren Elisabeths in Marburg statt und brachte nichts als Verlegenheit und Entfremdung, denn die königlichen Gesandten waren entsetzt ob der ärmlichen Lebensumstände, der nicht standesgemäßen Kleidung und Beschäftigung der ganz Gott zugewandten und an der irdischen Welt nicht interessierten Königstochter. Elisabeth empfand also als Jugendliche und erwachsene Frau offensichtlich keine Bindung an ihre alte Heimat mehr, sie war in die neue hineingewachsen, obwohl sich, wie wir sehen werden, ihr Verhältnis zu ihrer Umgebung am thüringischen Hof keineswegs harmonisch gestaltete. Was war das für ein Hof und wer waren die Herrscher?

Die Ludowinger waren ein relativ junges, schnell aus der Be-
deutungslosigkeit der Rodungsgrafen zum höchsten Reichsadel
emporgestiegenes Geschlecht. Wenn sich der erste Ludowinger, Ludwig der Bärtige (gest. um 1080) noch mühsam durch die
thüringischen Wälder hindurchkämpfte, um seine Stammburg,
die Schauenburg bei Friedrichroda, samt einigen Dörfern anzu-
legen, erreichten seine Söhne und Enkel durch kluge Heirats-
politik nicht nur große Zuwächse ihrer Herrschaftsgebiete und
ihres Reichtums, sondern auch einen enormen Anstieg ihres
Ansehens unter den Mächtigen des Reichs. Ludwig der Springer,
der Sohn Ludwigs des Bärtigen, heiratete die Witwe des Pfalzgrafen zu Sachsen, sicherte sich Gebiete an der Unstrut und
gründete das ludowingische Hauskloster Reinhardsbrunn, in
dem er als Mönch 1123 starb.

1131 erhob Kaiser Lothar den nächsten Ludwig, den Sohn
Ludwigs des Springers zum Landgrafen von Thüringen – nun
wurde das ludowingische Herrschaftsgebiet als Reichslehen
angesehen. Ludwig II. der Eiserne hob die Bindung seines Geschlechts an den Kaiser auf eine neue Stufe, als er 1150 eine Halbschwester Friedrich Barbarossas, Jutta, heiratete. Spätestens seit
dieser Zeit standen die Ludowinger in dem bereits entfachten
Kampf zwischen Staufern und Welfen fest an der Seite der
Staufer, bis Hermann I. aus taktischen Gründen zu schwanken
begann.

Der Nachfolger Ludwigs des Eisernen, Ludwig III. der
Fromme bewies Kaiser Friedrich I. unerschütterliche Treue in
seinen Kämpfen gegen Heinrich den Löwen, weshalb er die
Würde eines Pfalzgrafen zu Sachsen und weitere vorteilhafte
Lehnsgüter verliehen bekam. 1188 zog Ludwig III. an der Seite
des Kaisers in einen Kreuzzug, auf dem beide starben, Ludwig
der Fromme zudem kinderlos.

Hier betritt Hermann I., der Bruder Ludwigs, die Szene.
Seine Machtübernahme 1190 wurde von einer Erschütterung
der Beziehung zwischen den Ludowingern und dem Kaiser-
haus überschattet. Der Sohn Friedrichs I., der neue Kaiser
Heinrich VI., versuchte, die ludowingischen Lehen einzuziehen,

obwohl die Nachfolge des Bruders beim Fehlen der leiblichen Erben keine unübliche Praxis in der zeitgenössischen Rechtsprechung war. Hermann gelang es, auf dem Reichstag zu Würzburg 1196 die Anerkennung der Erblichkeit seiner Lehen nicht nur in männlicher, sondern sogar in weiblicher Linie zu erreichen. Zweifel an der Zuverlässigkeit des Kaisers mögen ihm jedoch geblieben sein und seine weitere, zwischen Staufern und Welfen schwankende Politik beeinflusst haben. Wie dem auch sei, mit dem ständigen Frontenwechsel zwischen den beiden folgenden Anwärtern auf den Kaiserthron erhoffte sich Hermann eine Festigung seiner Position unter den Reichsfürsten und einen Zuwachs seines Herrschaftsgebietes. Er erreichte damit aber eher das Gegenteil, da seine Gebiete vom jeweiligen Gegner aus Rache heimgesucht und verwüstet wurden. Diesen nicht unbedingt lobenswerten politischen Stil Hermanns thematisieren sowohl Kaplan Berthold als auch Dietrich von Apolda. Obwohl sie ihn mit den obligatorischen Epitheta »gerecht«, »edel« versehen, weisen sie auch auf den grausamen Umgang mit seinen Feinden hin, was zur Schwächung des Landes führte: Hermann war ein *strenger und ernsthafftiger man geyn syne fynde* (Cronica, 3v); *der was zu der maze* [außerordentlich] *gestrenge unde heftig wedir sine viende* (Berthold, S. 6, 12f.).

33 Im Unterschied zu seinem Bruder Ludwig dem Frommen war Hermann I. reich mit Kindern gesegnet, die dem ludowingischen Geschlecht wichtige dynastische Verbindungen zu Herrscherhäusern in weiten Teilen des Reichs verschafften. Er selbst war Sohn eines Ludowingers und einer Schwester des Königs von Böhmen, Ottokar. In erster Ehe war Hermann mit Sophie, der Tochter des Pfalzgrafen von Sommerschenburg, verheiratet. Aus dieser Verbindung gingen zwei Töchter hervor. Die eine, Jutta, ehelichte Markgraf Dietrich von Meißen und nach dessen Tod Graf Poppo von Henneberg. Diese Jutta wird eine Rolle im Leben und in der Politik ihres Halbbruders und Gemahls der heiligen Elisabeth, Ludwigs IV., spielen. Die zweite Tochter Hermanns aus erster Ehe hieß Hedwig und war verheiratet mit dem Grafen Albrecht von Orlamünde.

Kurz nach dem Tode Ludwigs des Frommen auf einem Kreuzzug und der Regierungsübernahme Hermanns starb dessen
erste Frau, und er heiratete erneut, diesmal die Herzogin von
Bayern, die ebenfalls Sophie hieß. Mit ihr hatte er vier Söhne
und zwei Töchter.

Die hagiographische Literatur über Elisabeth nennt einstimmig Ludwig als den Erstgeborenen dieser Ehe und einen früh
verstorbenen Hermann als den zweiten Sohn. Allerdings gibt es
Hinweise darauf, dass es genau umgekehrt war und dass dieser
Hermann ursprünglich als Nachfolger Hermanns I. und künftiger Gemahl der ungarischen Prinzessin Elisabeth vorgesehen
war. Da Hermann I. als Bruder des kinderlos gestorbenen Landgrafen an die Macht kam, war es logisch, sich als Begründer
eines neuen Zweigs der Ludowinger zu betrachten und seinem
Erstgeborenen den eigenen Namen zu geben, also Hermann, so
wie seine Vorfahren immer Ludwig hießen, solange die Macht
vom Vater zum Sohn überging. Wenn man die weitere dynastische
Entwicklung verfolgt, wird man feststellen, dass Ludwig IV.,
der möglicherweise als Zweitältester wegen des frühen Todes
seines Bruders die Macht übernahm, seinen Sohn wiederum
Hermann nannte und damit auf die Fortsetzung der »Hermann-
Linie« hinwies. In diese Richtung könnte man auch die unbe-
fangene Nähe Elisabeths und Ludwigs zueinander in ihren Kin-
derjahren deuten. Die Quellen erwähnen immer wieder, dass
sich die Verlobten und späteren Eheleute »Bruder« und »Schwester« nannten, was als ein Zeichen besonderer Liebe und Eintracht zwischen ihnen gedeutet wird. Aber auch dies erscheint
plausibel: Man nennt einander »Bruder« und »Schwester«
eher, wenn man weiß, man werde nach einer künftigen Ehe-
schließung von einem der beiden verschwägert, also in einer
engen verwandtschaftlichen Beziehung ohne sexuelle Kom-
ponente stehen. Diese Konstellation würde die späteren
Überlegungen am thüringischen Hof – nach dem Tod des
jungen Hermann –, Elisabeth als gescheiterte Braut zu ihren
Eltern zurückzuschicken, politisch erklären. Der erbauliche
Wert der Darstellung sowohl bei Dietrich als auch bei Berthold,

Elisabeth sei wegen ihrer auffallend gelebten Frömmigkeit angefeindet und am Hof nicht gewollt gewesen, ist aber natürlich viel höher.

Der dritte Sohn Heinrichs I. war Heinrich Raspe, der 1242 als Reichsverweser für den Sohn Kaiser Friedrichs II., Konrad, eingesetzt und 1246 zum deutschen Gegenkönig gewählt wurde. Der vierte Sohn Hermanns I. hieß Konrad. Dieser als jähzornig bekannte, in grausame Fehden verwickelte Ludowinger hat eine Wandlung »vom Saulus zum Paulus« vollzogen und seine Gräueltaten gebüßt. Er trat in den Deutschen Orden ein – später erreichte er den Rang des Landmeisters von Preußen und bekleidete sogar zwei Jahre lang vor seinem Tod das höchste Amt des Hochmeisters – und spielte eine entscheidende Rolle bei dem erfolgreichen Abschluss des Heiligsprechungsverfahrens seiner Schwägerin Elisabeth. Die eine Tochter Hermanns I. aus zweiter Ehe namens Irmgart wurde mit dem Grafen Heinrich von Anhalt vermählt und die andere, Agnes, mit dem Herzog von Österreich.

Hermann I., der an einem Kreuzzug teilgenommen und der Gründung des Deutschen Ordens in Akkon 1198 beigewohnt hatte, starb 1217 unter dem Kirchenbann. Es ging sogar ein Gerücht um, dass er in seinen letzten Tagen dem Wahnsinn verfallen gewesen sei. Der Kaplan Berthold spielt darauf an, wenn er als Vertreter des ludowingischen Hausklosters pietätvoll und diplomatisch schreibt: »Von Hermanns Tod wird manches berichtet von der Art, dass man lieber schweigen sollte als frevelhafte Dinge zu schreiben. Er war berühmt im ganzen Reich, doch erst nach dem Ende ist das ganze Lob zu prüfen: wie hoch und edel der Baum war, kann man erst sagen, wenn er gefällt ist« (Berthold, S. 15, 12–20). Als Eckart, der Abt von Reinhardsbrunn, von dem Ableben Hermanns erfuhr, machte er sich mit seinen Brüdern nach Eisenach auf, um den Toten zu holen und im Kloster zu bestatten. Die Landgräfin Sophie widersprach dem aber und verfügte, Hermann im Zisterzienserinnenkloster St. Katharinen in Eisenach zu bestatten, das er selbst 1215 gestiftet hatte und in dessen Kirche auf Hermanns Wunsch seine Grabstätte bereits angelegt war. Der Abt konnte sich nicht durchsetzen, die Landgräfin war ihm »zu mächtig«. Berthold beschließt seinen Bericht über das Leben und den Tod Hermanns mit folgendem Spruch: »Nun, für die Errettung der Seele eines gierigen Reichen wird ein kostbares Grab genauso wenig förderlich sein, wie eine ärmliche Grabstätte dem ewigen Seelenheil eines armen Gerechten zum Nachteil werden kann« (Berthold, S. 16, 3–6). Dies dürfte einerseits eine Anspielung auf die Eitelkeit Sophies, die anscheinend ein prunkvolles Mausoleum in Eisenach einem eher bescheidenen Grab im abgeschiedenen Kloster vorgezogen hatte, sein, andererseits kann sich hinter dieser Aussage auch eine eher negative Bewertung der Persönlichkeit Hermanns verbergen.

Diese Passage hinderte den Chronisten aber nicht, an einer anderen Stelle ein Bild Hermanns als eines vorbildlichen Ritters und auch gebildeten Herrschers zu zeichnen: Er war »züchtig an Gebärden, mäßig an Worten, freigebig an seinen Gütern, besaß männliche Kühnheit wie ein echter Held, […] er ging selten zu Bett, ohne sich Kollationen vorlesen zu lassen, und zwar sowohl in deutscher Sprache als auch auf Latein. […] Er liebte die Schriftkunst. Er gab sich nie der faulen Trägheit hin. Er hatte es nicht gerne, wenn jemand über ihm war, aber duldete seines gleichen« (Berthold, S. 8, 3–13). Der Hinweis auf die Liebe zur deutschen und lateinischen Schriftkunst kommt nicht von ungefähr. Ludwig II. schickte möglicherweise alle seine Söhne zum Studium an die Pariser Universität, die damals als einzige neben Bologna eine Eliteausbildung garantierte. Dieser Umstand und eine am ludowingischen Hof vorhandene Neigung zur Förderung der Dichtkunst und zum Mäzenatentum, die vielleicht von Hermanns zweiter Ehefrau Sophie aus ihrem Heimatland mitgebracht wurde, ließen diesen Landgrafen zu einem der bedeutendsten Literaturgönner des Hochmittelalters werden.

Die Zeit um 1200 war eine Epoche, in der die adelige Welt bereits fest im Griff des Weltbildes und der Verhaltensnormen war, die die zunächst französische und ihr folgend auch die deutsche Tradition des höfischen Romans und der Minnelyrik vermittelte. *Minne* (erhabene Liebe zu einer Dame in Verbindung mit dem verehrenden Dienst für diese Dame durch ritterliche Taten), *êre* (gesellschaftliches Ansehen als Folge der ritterlichen Tugenden), *aventiure* (ritterliche Unternehmung, um sich, meistens im Kampf, zu bewähren), *mâze* (Selbstbeherrschung, Handeln nach Vernunft), *staete* (Treue, Beständigkeit) und *hôher muot* (freudige Hochstimmung) wurden zum Bestandteil des ritterlichen Idealbildes, über das man nicht nur gerne im Roman las oder von dem man sich vorlesen ließ, sondern das man in gewissem Maße auch lebte, zumindest zu Repräsentationszwecken. So erinnerte das Mainzer Hoffest von 1184, das im Epilog von Heinrich von Veldekes »Eneit« gepriesen wird, mit seinem Lyrikvortrag, seiner Festtafel und »Zelebrierung« der höfischen Ritterlichkeit an die Tafelrunden des König Artus. Dichter zu fördern und in ihren Werken als Mäzen oder gar Ideengeber erwähnt zu werden war ein Luxus, den man sich als Herrscher leisten musste, wenn man die eigene realpolitische Bedeutung unterstreichen wollte.

Am Hofe Hermanns I. von Thüringen finden wir alle Namen, die Rang in der höfischen Dichtung Ende des 12./Anfang des 13. Jahrhunderts haben. Heinrich von Veldeke folgte der

37 Einladung des noch nicht zu Thüringens Herrscher gewordenen Hermann auf die Neuenburg, um seine »Eneit« zu vollenden, die ihm, wie er selbst verärgert schreibt, von einem Grafen Heinrich, möglicherweise Hermanns Bruder Heinrich Raspe, bei der Hochzeit Ludwigs III. gestohlen worden war. Dieser den antiken Stoff über die Abenteuer des Äneas nach dem Fall Trojas aufgreifende, zwischen 1183 und 1189 abgeschlossene Roman setzte Maßstäbe für die vom ritterlichen Ideal geprägte höfische Literatur und bewegte Veldekes Gönner Landgraf Hermann dazu, noch zwei Dichtungen mit antiken Sujets in Auftrag zu geben. Der Auftragnehmer war der Kleriker Herbort von Fritzlar, der den altfranzösischen »Roman de Troie« des Benoît de Sainte-Maure zu dem eigenständigen und viel kürzeren

»Liet von Troye« (nach 1190) umarbeitete. Die zweite, wahrscheinlich in Hermanns Auftrag entstandene Bearbeitung eines antiken Stoffes war die gereimte Übertragung von Ovids »Metamorphosen« ins Deutsche durch den Geistlichen Albrecht von Halberstadt (zwischen 1190 und 1200). Dieser Text erlangte in der Bearbeitung des Meistersingers Georg Wickram als Druck im 16. und 17. Jahrhundert einen enormen Publikumszuspruch. Zum literarischen Umkreis des Thüringer Hofes gehörten des Weiteren ein Dichter namens Biterolf, der im »Alexander-Roman« des Rudolf von Ems als Lyriker und Autor einer Alexander-Dichtung erwähnt wird, und der »gelehrte Mann« (vermutlich Notarius) Otto mit seiner Bearbeitung des Versromans »Eracles« von Gautier von Arras, welchen Wolfram von Eschenbach in seinem »Parzival« unter dem Titel »Erâklîus« erwähnt. So erreichte die Ausstrahlung des ludowingischen »Musenhofes« zu Beginn des 13. Jahrhunderts eine solche Intensität, dass er die Elite der deutschen Dichterszene anzog. Die prominentesten Beispiele dafür sind Wolfram von Eschenbach und Walther von der Vogelweide.

Wolfram, von dessen Herkunft und Lebensumständen uns überhaupt keine zuverlässige Urkunde erhalten ist, war nach den spärlichen Angaben in seinen eigenen Werken ein armer Ritter, der sich zeitweilig im fränkisch-bayerischen Raum aufhielt und dessen wichtigste Gönner Hermann I. von Thüringen und zumindest anfänglich dessen Sohn Ludwig IV. waren. Teile von Wolframs berühmtesten Roman »Parzival«, dessen Auftraggeber unbekannt ist, wurden mit Sicherheit am Ludowingerhof geschrieben. Der Roman enthält viele lobende, aber auch negative Erwähnungen der politischen Ereignisse wie des höfischen Alltags in Thüringen. Einen weiteren Roman von Wolfram, »Willehalm« (nach 1210), der zu den beliebtesten Texten des deutschen Mittelalters gehörte und den französischen Stoff aus einem Heldenepenzyklus (Chansons de geste) über den Grafen Guillaume d'Orange und seine Verwandten aufgreift, hat Hermann I. nach der eigenen Aussage des Autors in Auftrag gegeben. Wolfram ist auch als Autor von fünf Liedern bekannt, die im Anhang seines »Parzival« überliefert sind. Vier davon sind Meisterstücke der Gattung der so genannten »Tagelieder« und berichten wie die okzitanischen *albas* in direkter Rede über den morgendlichen Abschied eines Liebespaares – eines Ritters und einer Dame – nach einer heimlich verbrachten Liebesnacht; als dritte Figur fungiert ein mit den Liebenden verbündeter, den Morgen ankündigender Wächter. Das fünfte uns bekannte Lied Wolframs ist ein erstaunlicher Text, der mit gattungsspezifischen Topoi des Tageliedes spielt und die Spannung der Szenerie plötzlich umwirft, indem sich das leidenschaftliche nächtliche Abenteuer als aufregende, aber völlig gefahrlose Zusammenkunft der liebenden Ehepartner entpuppt. Auf dieses »Anti-Tagelied« kommen wir im Kapitel über die Ehejahre Elisabeths und Ludwigs zurück.

Der von Gottfried von Straßburg als *meisterinne der nachtegallen* gefeierte Walther von der Vogelweide hielt sich vermutlich während seiner Zeit als fahrender Dichter zwischen 1201 und 1207 sowie 1214/1216 über längere Zeit am Thüringer Landgrafenhof auf. Im Gefolge Philipps von Schwaben, zu dem er nach seinem Weggang vom Wiener Hof 1198 gekommen war, dürfte er Kontakt zum thüringischen Hochadel geschlossen haben. Lieder Walthers, welche seine Aufenthalte bei Hermann I. reflektieren, gehören zur Gattung der Spruchdichtung, die politische, moralisch-sittliche und religiöse Fragen aufgreift. Bei der vorliegenden Überlieferungslage verwundert zunächst, dass Walther über längere Zeiträume als Hofdichter Hermanns I. und anfangs auch Ludwigs IV. in Thüringen leben konnte: Es fallen mehr tadelnde als lobende Sprüche Walthers zu den Sitten am Landgrafenhof auf, denkt man nur an die viel zitierten Lieder vom ohrenbetäubenden Lärm und Gedränge an Hermanns Hof, von der an Prasserei grenzenden Freigebigkeit des Landgrafen und vom *Ingesinde*, das lieber als *Ausgesinde* bezeichnet werden sollte. Das alles störte den Landgrafen offensichtlich herzlich wenig, und er konnte mit dem ständigen Spiel Walthers mit seinem Dichter-Ich bald als besorgter, weiser Fürstenberater, bald als Lehrer der Jugend, bald als Ankläger, bald als kleinlicher Nörgler, bald als Philosoph, ja sogar als Engel gut umgehen. Solange Walther die beständige Freigebigkeit des Landgrafen mit einer Blume, die »durch den Schnee scheint«, verglich und selbstbewusst erklärte, er diene nur den Würdigsten, war alles in bester Ordnung, schließlich dichtete Walther an den Höfen aller drei Kaiser dieser Zeit: Philipps von Schwaben, Ottos IV. von Braunschweig und Friedrichs II.

Wie man sieht, stand der Thüringer Landgrafenhof Ende des 12./Anfang des 13. Jahrhunderts wahrlich im Mittelpunkt des literarischen Lebens. Das prominenteste Zeugnis dafür ist der sagenumwobene, von Novalis, E.T.A. Hoffmann und vor allem durch den Wagnerschen »Tannhäuser« ins Licht der deutschen Romantik getauchte »Wartburgkrieg« der Sänger. Inwiefern der Bericht über diesen Sängerwettstreit auf einer historischen Begebenheit beruht, entzieht sich heutiger Kenntnis. Für uns ist jedoch der mentalitäts- und literaturhistorische Aspekt des »Wartburgkriegs« wichtig, denn dieses Ereignis führt die weltliche Tradition der Dichtkunstförderung am thüringischen »Musenhof«, die nicht ganz geheuere, aber geachtete Kunst der Astrologie und sogar die schwarze Magie sowie die Prophezeiung der Geburt der heiligen Elisabeth, eines neuen Sterns, der »die ganze Welt erfreuen wird«, zusammen.

Im Vergleich zu den anderen mittelalterlichen Quellen zum Leben der heiligen Elisabeth berichtet Kaplan Berthold über den Sängerkrieg am ausführlichsten und interessantesten. Ihm folge ich in meiner Darstellung der Ereignisse weitgehend.

Sängerkrieg und Prophezeiung

1206 berief Landgraf Hermann sechs ehrsame Meister der Sprachkunst und der Dichtung in seinen Palast zu einem Wettstreit. Der eine war Heinrich, »der tugendhafte Schreiber«, der andere Walther von der Vogelweide, der dritte Reimar von Zweter, der vierte Wolfram von Eschenbach, der fünfte Biterolf, der sechste der »waghalsige« Heinrich von Ofterdingen, im Unterschied zu den fünf anderen kein Edelmann, sondern ein Bürgerlicher. Heinrich stellte sich allein gegen alle und pries seinen Herrn, den Herzog von Österreich, vor dem Landgrafen Hermann, und zwar auf die Weise, dass er den Herzog mit der klaren Sonne verglich. Die anderen fünf besangen Hermann und verglichen ihn mit dem lichten Tag. Alle steigerten sich dermaßen in den Streit hinein, dass beschlossen wurde, der Verlierer solle gehängt werden. Da der Verlierer nicht ermittelt werden konnte, schlugen die fünf Edelleute vor zu würfeln und gewannen, weil sie hinterlistig mit falschen Würfeln gespielt hatten. Heinrich von Ofterdingen sah, dass es nicht mit rechten Dingen zugegangen war und flüchtete vor dem Scharfrichter unter den Mantel der Landgräfin Sophie. Unter ihrem Schutz berief er sich auf den Meister Klingsor, der ihn, Heinrich, im Wettkampf um eine endgültige Entscheidung vertreten sollte. Ihm wurde vom Landgrafen ein Jahr Zeit gewährt, Klingsor zu holen.

Heinrich ging zum Herzog von Österreich, der über die ihm von Heinrich erwiesene Treue unterrichtet war, ihn ehrenvoll empfing und ihm Empfehlungsbriefe für Klingsor mitgab. Klingsor, ein edler und hochgeborener Herr, lebte in Siebenbürgen, verstand sich auf die sieben freien Künste, die Sternenkunde sowie die Kunst der schwarzen Magie und erhielt vom ungarischen König Andreas dreitausend Mark jährliches Gehalt. Klingsor empfing Heinrich freundlich und versprach Hilfe, ließ aber die Zeit bis zum Tag vor dem Termin verstreichen, an dem die Gnadenfrist ablief. Heinrich war schon voller Angst und Sorge, sein Versprechen nicht halten zu können. Klingsor aber bediente sich der schwarzen Magie und versetzte sich und Heinrich augenblicklich nach Eisenach.

Am Abend vor seinem verabredeten Erscheinen bei dem Landgrafen auf der Wartburg studierte Klingsor den Sternenhimmel und sagte zu den Anwesenden: »Ihr sollt wissen fürwahr, dass meinem Herren, dem König von Ungarn, eine Tochter geboren wird in dieser Nacht, die wird Elisabeth genannt und wird eines heiligen Lebens sein, sie soll auch dem jungen Fürsten, des

Landgrafen Hermann Sohn, zu Ehefrau gegeben werden, und
von ihrem lobenswerten heiligen Leben soll das ganze Erdreich
erfreut und getröstet werden und besonders dieses Land.« So,
wie die Geburt Christi von dem heidnischen Propheten Balaam
angekündigt wurde, so sollte ausgerechnet der Magier Klingsor
nach dem Willen Gottes die Botschaft der Geburt der heiligen
Elisabeth überbringen, bemerkt Kaplan Berthold.

Die Geschichte vom »Wartburgkrieg« geht aber weiter. Am
Hof Hermanns sollte Klingsor nun gegen Wolfram von
Eschenbach antreten. In der Dichtkunst konnte er ihn nicht überwinden. Dann schlug er vor, über die philosophische Materie
zu »disputieren« und bediente sich der Hilfe des Teufels, der
bald darauf in menschlicher Gestalt ans Tor der Wartburg klopf-
te. Er wurde auf Geheiß Hermanns eingelassen und philoso-
phierte über alle Geschehnisse vom Anfang der Welt bis zu Christi
Geburt. Die Widerrede Wolframs betraf die Süße des Wortes
Gottes und die Menschwerdung Gottes, dann ging er zur Auslegung der heiligen Messe und ihrer Bestandteile über. Der Teufel
konnte solche mit christlichem Geist erfüllte Reden nicht weiter
ertragen und verschwand – so wies Wolfram seine Überlegen-
heit auch im Gelehrtengespräch nach. Klingsor wollte aber wenigstens eine Bestätigung dafür haben, dass er seine Niederlage
durch einen »ebenbürtigen« gelehrten Mann erlitten hatte, so
beschwor er nochmals den Teufel, sich in der Nacht in die Her-
berge Wolframs zu schleichen und ihn zu prüfen. Der Teufel
stellte dem schlaftrunkenen Dichter eine Frage nach der Natur
der himmlischen Sphären, die Wolfram prompt nicht beant-
worten konnte. Der Teufel lachte laut: »Er ist ein Laie, er ist ein
Laie!«, und schrieb das an die Mauer des Speisesaales auf der
Wartburg. Klingsor war so beschämt, einem ungelehrten Mann
unterlegen gewesen zu sein, dass er das Angebot Hermanns,
an seinem Hof zu bleiben, ausschlug. Hermann beschenkte ihn
reich und ließ ihn in Ehren zurück nach Ungarn ziehen.

Der ursprünglich geplante blutige Ausgang des Sängerkrieges
war also ausgeblieben, das unehrliche Verhalten der Edelleute
gegenüber einem Bürgerlichen vergessen, und der theologische

»Autodidakt« als Vertreter der sonnigen höfischen Kultur trug einen glänzenden Sieg über den schwarzen Magier davon. Bemerkenswerterweise führt Kaplan Berthold als Einziger unter Elisabeths Hagiographen den Bericht über den Sängerkrieg zu Ende. Selbst der sonst so ausführliche Dietrich von Apolda beschränkt sich hier auf einige wenige Zeilen und hört nach der Ankündigung der bevorstehenden Geburt Elisabeths auf. Möglicherweise wollte Berthold die besondere Bedeutung der Sprachkünste für den thüringischen Hof als seine Stärke betonen, schließlich sollte sein Protagonist Ludwig IV. Herrscher an diesem Hof sein.

Nach Thüringen

Im Jahre 1207 wurde nach der Ankündigung Klingsors dem König Andreas von Ungarn und seiner Frau Gertrud vermutlich auf Burg Sarospatak tatsächlich eine schöne Tochter geboren. Sie wurde Elisabeth getauft. Der thüringische Landgraf Hermann hielt für seinen Erstgeborenen bei den Eltern Elisabeths um die Hand ihrer Tochter an, zumal die Perspektive der dynastischen Verbindung mit dem ungarischen Königshaus als sehr vorteilhaft erschien. Die Verlobung der Neugeborenen und des kleinen Landgrafensohnes wurde beschlossen. 1211, als Elisabeth vier Jahre alt war, sandte Hermann eine Gruppe prominenter Edelleute des Landes nach Ungarn, darunter auch Graf Walther Schenk von Vargila, der später zu den wenigen Getreuen Elisabeths zählte, um das Mädchen nach Thüringen zu holen. Das, was heutigen Eltern unvorstellbar erscheint, wurde im Mittelalter als Selbstverständlichkeit praktiziert: Die Kinder wurden oft und sehr früh zur Erziehung aus dem Elternhaus weggeschickt, sei es ins Kloster, in die Lehre oder, besonders beim Hochadel üblich, in die Familie des künftigen Ehegatten. Im Falle der Herrscherhäuser erschien dies auch insofern sinnvoll, als dass die Ehen über sprachliche und kulturelle Grenzen hinweg arrangiert wurden und die Kinder sich so früh wie möglich an

43

die neue Umgebung anpassen sollten. So geschah es auch mit der kleinen ungarischen Prinzessin, die ins ferne Thüringer Land ziehen musste.

Die Botschafter des Landgrafen wurde mit Freuden und Ehren im königlichen Schloss Pressburg (heute Bratislava/Slowakei) empfangen. Die enorme Aussteuer, die die Königin ihrer kleinen Tochter auf die Reise mitgab, beschreibt Kaplan Berthold ausführlich in der Tradition der Aufzählungen im »Nibelungenlied« oder im höfischen Roman: silberne Wiege und silberne Badewanne, kostbare Trinkgefäße und mit Edelsteinen reich besetzte Kronen und Kränze, Kleinodien, seidene Tücher und Unsummen Geldes, die als Aussteuer mitgegeben und auch den Boten geschenkt wurden. Die Thüringer hatten solchen Reichtum noch nie zuvor gesehen, fügt Berthold hinzu. Königin Gertrud kündigte an, dass das Mitgegebene nur der erste Teil der Aussteuer Elisabeths sei und versprach, den Rest nachzuschicken, wenn das Kind wohlbehütet aufgewachsen sei und die Hochzeit bevorstehe. So kamen die Gesandten mit der kleinen Königstochter und dem ungarischen Schatz wohlbehalten auf der heimatlichen Wartburg an. Die Ankunft der königlichen Verlobten des kleinen Landgrafen wurde gebührend gefeiert, sie wurde zu ihrem künftigen Gatten geführt und gab ihm ihre Hand als Zeichen der in Zukunft zu vollziehenden Trauung.

44 Nun begann für Elisabeth das Leben in ihrer neuen Heimat. Ihre Erzieher und Bezugspersonen hießen ab sofort Landgraf Hermann und Landgräfin Sophie. Ihre leibliche Mutter Gertrud hat das Erwachsensein und die Ehe ihrer Tochter nicht mehr erlebt: Drei Jahre nach der Abreise Elisabeths wurde sie, wie bereits erwähnt, von ungarischen Magnaten ermordet, die ihrer politischen »Geschäftigkeit« überdrüssig waren. Maria Maresch deutet in den 1920er Jahren die Machtspiele Gertruds als einen Versuch, »durch ein Übermaß weltlicher Geschäftigkeit ihre natürliche Muttersehnsucht zu erdrücken« (Maresch, S. 40). Diese Interpretation der sonst treffende Beobachtungen machenden Autorin erscheint zu »modernisierend«. Wie gesagt, alle Akteure, auch Gertrud und Elisabeth, waren Kinder ihrer Zeit und

1_Die Geburt Elisabeths, Detail des Elisabeth-Altars in Kaschau, Slowakei (1474–1477)

2_Lindenholzplastik Elisabeths auf Schloss Neuenburg (14. Jahrhundert)

3_Hans Holbein d. Ä., Elisabeth mit Bettlern,
Alte Pinakothek, München (1516)

4_Elisabeth besucht Kranke, Glasmalerei aus der Elisabethkirche zu Marburg (nach 1235)

mussten Verhaltensmuster wie die notwendige, »von Gott verfügte« Trennung von Eltern und Kindern gewissermaßen als
»normal« empfinden. Zudem hatte Gertrud weitere Kinder,
darunter auch den Thronfolger Bèla, um deren Erziehung sie
sich kümmern musste. Ihr Problem war offensichtlich, dass
sie dieser traditionellen Frauenrolle, die etwa die Landgräfin
Sophie mit Bravour ausführte, das politische Geschäft und die
damit verbundenen Intrigen vorgezogen hat. Dieses Eindringen
in eine »Männerrolle« wurde ihr zum Verhängnis.

Die Berichte von der Kindheit Elisabeths basieren im Wesent-
lichen auf den im *Libellus de dictis quatuor ancillarum* (»Büchlein von
den Aussagen der vier Dienerinnen«) festgehaltenen Aussagen
ihrer Kindheitsgespielin Guta, die ihre Herrin seit ihrem vierten
Lebensjahr – Guta selbst war damals fünf – bis zu ihrer Einklei-
dung als Hospitalschwester 1228 treu begleitete. Dietrich resümiert
die Angaben des *Libellus* so, dass Elisabeth bereits als Kind, das
nicht unterscheiden kann zwischen Gut und Böse und das seinen
Verstand noch nicht einzusetzen vermag, Zeichen der Gnade
Gottes trug. Guta selbst zieht in ihren Aussagen keine so weit-
reichenden Schlüsse, sie zählt nur alle Fakten zu Elisabeths
Verhalten auf, die sie nach so vielen Jahren noch in Erinnerung
behalten hatte. Dabei entsteht das Bild eines lebhaften, charak-
terstarken, einfallsreichen und großzügigen Kindes. In den
Verhaltenseigenarten, die von Elisabeths Hagiographen als frühe
»Zeichen der Auserwähltheit Gottes« gedeutet wurden, kann
man jedoch genauso gut Einfälle eines aufgeweckten Kindes
mit einem stark entwickelten Gerechtigkeitssinn sehen, das religiös erzogen wird und seine naive Religiosität intensiv auslebt.
Hier einige Beispiele.

Die kleine Elisabeth versuchte bei jeder Gelegenheit, sich
ungesehen in die Kapelle zu stehlen, oder, wenn sie von den Dienerinnen beobachtet wurde, tat sie so, als würde sie mit anderen
Kindern spielen und sich ein Versteck in der Kapelle suchen.
Dort warf sie sich vor den Altar auf die Knie und betete mit gefalteten Händen, das Gesicht tief zu Boden geneigt. Als sie noch

45

keine Buchstaben kannte, schlug sie trotzdem den Psalter auf und tat so, als ob sie bete. Wenn die Kirche geschlossen war, umarmte und küsste Elisabeth die Säulen und die Tür. Um Gott für einen Sieg im Spiel zu danken, versprach sie ihm mehrere Kniebeugen. Zur Tarnung dieser Übungen forderte sie ihre Gespielinnen auf, mit ihr im Liegen zu messen, wer größer sei. Um sich auf die Erde zu legen, musste man ja in die Knie gehen, so erfüllte Elisabeth ihr Versprechen. Wenn sie im Ringspiel oder in einem anderen Spiel gewann, gab sie immer den zehnten Teil des Preises den ärmeren mitspielenden Kindern. Sie schenkte ihnen oft Kleinigkeiten unter der Bedingung, dass sie ein Ave Maria oder Pater noster beteten. Elisabeth versagte sich täglich etwas, um ihren Willen zu überwinden: Wenn sie gute Chancen hatte zu gewinnen, unterbrach sie das Spiel »aus Liebe zu Gott«; beim Reigen schränkte sie sich auf eine Runde ein, wie sie sagte, Gott zuliebe.

Johannes der Evangelist – in der zeitgenössischen geistlichen Literatur auch Johannes der Minner genannt – war der »Lieblingsheilige« Elisabeths. Dem Bild des zarten, an der Brust Jesu schlafenden Jünglings, der in der theologischen und seelsorgerischen, speziell dominikanischen Literatur als Verkörperung der geistigen Minne und Keuschheit galt, waren Scharen religiöser Frauen, ja ganze Nonnenklöster verfallen. Den Bericht bei Dietrich darüber, dass Johannes der jungen Elisabeth erschien und versprach, ihr Fürbitter vor Gott, ihr Helfer und Beschützer zu sein, sollte man daher eher als beliebten dominikanischen »Johannes-Topos« betrachten. Dietrich dürfte bereits eine ganze Reihe frommer Frauen, auch aus dem Umkreis seines eigenen Predigerordens, bekannt gewesen sein, die durch ihre Johannes-Gnadenerlebnisse bekannt waren. Dieser »Johannes-Frömmigkeitsbewegung« mochte Dietrich wohl eine Krone aufsetzen, indem er die »große Heilige« Elisabeth dazu zählte. Ansonsten scheint der andere Johannes, der Täufer, als der Verkündende, der Tätige eher zu der von Elisabeth praktizierten Lebensweise und -philosophie der Martha zu passen als der kontemplative Johannes der Minner.

Schon im Kind Elisabeth waren alle Prinzipien, Neigungen und die unbeugsame Stärke, der Mut zum Anderssein sichtbar, die sie als erwachsene junge Frau auszeichneten. Wenn man nochmals ihre Herkunft reflektiert, wird man feststellen, dass die Geschlechter ihrer Eltern, besonders das ihrer Mutter, kaum »Durchschnittsmenschen« hervorbrachten. Ob sie ihren starken Willen, ihren Intellekt, ja ihre »Führungsqualitäten« zum Guten oder zum Bösen hin ausrichteten – die Verwandten Elisabeths gingen bis zur »letzten Grenze« und auch darüber hinaus. Es lag nun an der kleinen Königstochter und künftigen Landgräfin von Thüringen, dieses »Erbe« in die eine oder andere Richtung einzusetzen. Elisabeths Weg wurde eine »Rebellion der Nächstenhilfe und Demut«.

Alle Quellen beschreiben den Ernst und die außergewöhnliche Konsequenz, mit denen Elisabeth seit ihren Kindertagen den »Jahrmarkt der Eitelkeiten« am Hofe, reiche Kleidung, reichen Schmuck und höfische Vergnügungen ablehnte, in ihre Andacht versank und Armen half. Wie konnte es anders kommen, als dass Elisabeth am Thüringer Landgrafenhof, der sich als eine Art Artus-Hof, beherrscht von *mâze* und ritterlichem *hôhen muot*, sehen wollte, als Sonderling, als ein Störfaktor des Wohlbehagens seiner Angehörigen empfunden wurde.

Elisabeths Hagiographen berichten ausgiebig von der den weltlichen Eitelkeiten gänzlich verfallenen Sophie, Elisabeths Erzieherin und künftiger Schwiegermutter, und von Ludwigs Schwester Agnes, die die heranwachsende Prinzessin zunehmend schikanierten und anfeindeten. So führt Dietrich folgende Episode an: Einmal nahm Elisabeth während des Gottesdienstes ihre Krone ab. Auf die verwunderte Frage ihrer künftigen Schwägerin Agnes, die auf Glanz und schöne Kleidung sehr bedacht war, warum sie dies täte, antwortete Elisabeth, es gezieme nicht, sich als eine irdische Kreatur in einer goldenen Krone angesichts des Sohnes Gottes zu zeigen, der eine Dornenkrone trage. Sie erntete dafür Missbilligung und Verachtung.

Besonders befremdlich sollte auf Elisabeths Umgebung ihre Vorliebe für den Umgang mit den niederen Ständen gewirkt

47

haben. Nicht genug, dass sie bei jeder sich bietenden Gelegenheit ein einfaches Wollkleid anziehen wollte und mit vollen Händen Almosen gab – das Letztere gehörte, in Maßen betrieben, zum Image der mildtätigen Herrscherin –, sie nähte und spann für Bettelmönche, Waisenkinder und Armenhausinsassen, sie pflegte eigenhändig abscheuliche Krüppel, sogar Aussätzige! Das war keine »Exzentrizität« mehr, das war entschieden zu viel. Landgräfin Sophie tadelte ihren Zögling für diese Neigungen, Elisabeth wolle nicht bei den Edelleuten, sondern bei den Mägden sein, sagte sie erbost. Elisabeth litt an den Anfeindungen des Hofes, jedoch konnte sie sich bei Auseinandersetzungen durchaus souverän verhalten und stand auf jeden Fall immer zu ihren Prinzipien. So nahm Elisabeth eines Tages einen Bettler auf, der an einer schrecklichen Kopfhautkrankheit litt. Sie schor ihm eigenhändig seine Ekel erregenden Haare, hielt seinen Kopf in ihrem Schoß und wusch ihn im Obstgarten. Dabei wurde sie von den Hofdamen überrascht und getadelt, aber zur Erwiderung lachte sie nur.

Man sollte allerdings die negative Bewertung der Schwiegermutter Elisabeths in den Quellen mit Vorsicht genießen. Zum einen scheint Sophie selbst dem monastischen Leben nicht abgeneigt gewesen sein, denn sie trat als Witwe in ein Zisterzienserinnenkloster ein. Zum anderen muss sie bei allen
Schwierigkeiten mit der Erziehung Elisabeths diese doch für eine angemessene Schwiegertochter gehalten haben. Sonst hätte sie ihr nicht ihren Prachtpsalter geschenkt, der nach der Tradition des Hochadels immer in der weiblichen Linie vererbt wurde, schließlich hatte Sophie leibliche Töchter, aber sie fand offensichtlich das kostbare Buch bei der frommen und gebildeten Ehefrau des jungen Landgrafen besser aufgehoben. Noch bemerkenswerter erscheint dieses Geschenk der Schwiegermutter an ihre Schwiegertochter dadurch, dass Sophie in das Buch ein Gebet für ihren Mann Hermann eingetragen hatte. Darin bittet sie Gott, sich des Landgrafen, trotz seiner schweren Sünden und Verbrechen, um des Opfers Jesu Christi willen zu erbarmen und seine Seele vor einem plötzlichen Tode zu

schützen. Ein Buch mit solch einem »intimen« Eintrag würde man nicht unbedingt einem fremden oder gar verhassten Menschen überlassen. Dieser Psalter verdient Aufmerksamkeit. Es handelt sich um den so genannten »Elisabethpsalter« (heute im Museo Archeologico Nationale Cividale del Friuli). Elisabeth schenkte ihn später durch die Vermittlung ihres Oheims Berthold V., Patriarch von Aquileia, dem dortigen Domkapitel. Ein schönes Bild aus diesem Psalter mag Elisabeth gemeint haben, als sie ihre berühmte, von der Dienerin Irmgard bezeugte Aussage machte: »Ich brauche ein solches Bild nicht; ich trage es ja in meinem Herzen.« Im *Libellus* gibt es ein weiteres Zeugnis ihrer Einschätzung von Kunstwerken, diesmal von Skulpturen. Elisabeth sieht aufwändig vergoldete Heiligenfiguren in der Kirche eines armen Frauenkonvents und sagt zu den Klosterfrauen: »Seht, ihr hättet diese Ausgabe besser für eure Kleidung und Nahrung verwendet, als für die Wände, da ihr doch diese Bildwerke in euren Herzen tragen solltet!« (Libellus, S. 105). Daraus kann man auf eine intensive Auseinandersetzung Elisabeths mit seelsorgerischer Literatur und Bildern schließen, wobei diese offensichtlich nicht die erwartete Wirkung auf die junge Prinzessin hatten. Die sinnbildliche Darstellung der *vita activa* mit winzigen, unbedeutenden, gebührend distanzierten Armen und Verkrüppelten im Verhältnis zu der vornehmen *Caritas*-Figur, die der Cividale-Psalter den Edelleuten zur Nachahmung anbot, kann nur bedingt als Vorbild für die selbstlose, Standesgrenzen überschreitende karitative Arbeit Elisabeths vermutet werden.

Je ausgeprägter der unnachgiebige Charakter Elisabeths und ihre Vorstellungen vom gottgefälligen Leben wurden, desto stärker wurden die Anfeindungen am Hofe. Ihr Leid nahm besonders nach dem Tod ihres künftigen Schwiegervaters Hermann im Jahre 1216 zu, der sie sehr gemocht haben soll. Dietrich beschreibt die Situation so: »Es wurde erwogen, ob man Elisabeth nicht ins Kloster oder zu ihrem Vater nach Ungarn schicken sollte, da sie sich zur Landgräfin nicht eigne. Elisabeth vertraute aber immer auf Gott, und er verließ sie nie. So verfügte er auch

49

zu dieser Zeit, dass der junge Landgrafensohn Ludwig die innigste Liebe zu ihr zu hegen anfing« (Cronica, 6v). Man kann diese Darstellung auch als einen versteckten Hinweis auf den Tod des ursprünglichen Verlobten Elisabeths verstehen: Da es keinen anderen Schutz für Elisabeth vor dem Verstoßenwerden mehr gibt, erweckt Gott in Ludwig, dem Nachfolger des Landgrafen Hermann I., die Liebe zu Elisabeth als Frau, nachdem die beiden sich im Glauben, in der Zukunft verschwägert zu sein, wie Geschwister gemocht und behandelt hatten. Denn nur als Landgräfin konnte sich Elisabeth als auserwählte Dienerin Gottes entfalten, dieser Weg war von Gott vorgezeichnet. War Ludwig als Verlobter und Ehemann der heiligen Elisabeth nur ein »Werkzeug Gottes«? Wenn man das Transzendente aus dem Spiel lässt, bleibt eine beeindruckende Persönlichkeit, über die wir aus der Lebensbeschreibung des Kaplans Berthold eine Menge erfahren.

Elisabeths Ehejahre

was er iuwer âmîs oder iuwer man? – beide, herre

Ludwig IV. von Thüringen und Elisabeth

Als Überschrift zu diesem Kapitel habe ich ein Zitat aus dem
»Erec« des Hartmann von Aue (Vers 6172f.) genommen. Ein
Ritter findet die über dem vermeintlich toten Erec in tiefer Trauer sitzende Enite und stellt ihr Fragen, wer der Mann sei und
unter welchen Umständen er umgekommen sei. Was der Ritter
gegenüberstellt, ist für Enite unzertrennlich: Erec ist ihr *âmîs*
(Geliebter) *und* rechtmäßiger Ehemann. Die Minne eines Ritters
zu einer Dame – Sehnsucht nach der unerreichbaren Angebeteten
und der verehrende Dienst um seiner Liebe willen – und die aufregende, heimliche Beziehung des vornehmen Liebespaares vorbei
am uninteressanten, Hörner tragenden Ehemann – die beiden
Motive kennen wir aus der höfischen Literatur. Im Fall Erecs
und Enites wie auch bei dem »Traumpaar« Ludwig–Elisabeth
scheint alles Positive dieser beiden Arten der Liebe zwischen
Mann und Frau in einer standesgemäßen Ehe aufgegangen zu
sein. Die Verbindung Elisabeths und Ludwigs war zudem auch
eine politische und »arrangierte«, sie war fest in das wirre Zeitge-
schehen eingebettet. Trotzdem erscheint sie auffallend »zeitlos«
und sogar beneidenswert, auch wenn man annimmt, die Ehe der
Heiligen und des vom Volk als Heiliger verehrten Landgrafen
wäre von den Hagiographen hochstilisiert. Wer war dieser *âmîs*
und *man* der heiligen Elisabeth und welche Rolle spielte er für die
Entfaltung der Persönlichkeit der zum Zeitpunkt ihrer Heirat
erst vierzehnjährigen »Dienerin und Freundin Gottes«?

Im einleitenden Teil seiner Lebensbeschreibung lobt Kaplan
Berthold den jungen Landgrafen Ludwig wie bei einem Sängerwettstreit, so etwas könnte man sich auch während des »Wart-
burgkrieges« vorstellen, als die Teilnehmenden ihren Fürsten um
die Wette priesen. Er war ein »milder, gütiger Fürst«, schreibt
Berthold, »der Trost aller Welt, ein Versöhner des Zorns Gottes«.
Er war ein »behaglicher Jüngling«, der nach Tugend und Ehre

53

strebte. Seine Erscheinung war »gütig und schön, seine Augen freundlich, sein ganzes Verhalten lobenswert«. Ludwig besaß einen »ansehnlichen Körper, ein freundliches liebliches Antlitz, weder mager noch feist, seinen Leib behielt er in Reinheit«. Nebenbei gesagt, besitzen wir von Elisabeths Äußerem keine vergleichbare Beschreibung, es wird nur erwähnt, dass sie sehr schlank und brünett war. Ludwig war »vorsichtig und weise, gerecht und streng bei der Urteilssprechung, stets seinen Genossen und Gefolgsleuten treu«; mit denen, die mit ihm zusammen aufwuchsen, ging er gütig und kameradschaftlich um. Aus Ludwigs Mund waren nie Lügen zu hören. Sein Gebaren war einfältig, das heißt einfach, schlicht – im Mittel- hochdeutschen hatte dieses Wort noch nicht den negativen Beigeschmack von »dumm«; Parzival wird ebenfalls einfältig genannt. Also ein rundum vorbildlicher, reich mit ritterlichen Tugenden gesegneter Romanheld! Sogleich folgt aber ein Hin- weis auf seine christlichen Tugenden als »Abglanz« der Heiligkeit Elisabeths. Berthold führt aus: »Da Ludwig zum rechtmäßigen Gemahl der heiligen Elisabeth werden sollte, hat Gott ihn mit zahlreichen Gnaden beschenkt; er überragte seine Eltern und alle anderen Mitglieder seines Geschlechts in seiner Frömmig- keit dermaßen, dass keiner mit ihm mithalten könnte«. Ludwig war »so reich an Tugenden und an innerer und äußerer Schön- heit von Gott beschenkt«, weil er dazu bestimmt war, das eheli- che Lager mit der heiligen Elisabeth zu teilen, so musste ihm auch etwas von ihrer Heiligkeit und ihrer Gnade zuteil werden.

Als Sechzehnjähriger wurde der 1200 geborene Ludwig zum Nachfolger seines Vaters Hermann. Gerade »in die Jahre der Vernunft« gekommen, zeichnete er sich »in seiner blühenden Jugend durch Tugend, große Güte und milde Barmherzigkeit aus«. In der ersten Zeit seiner Herrschaft schwankte er zwischen seiner Pflicht als Landgraf, mit politischer Klugheit und Vor- sicht zu regieren und seine Mannen anzuführen – und wenn es nötig war, ins Verderben zu schicken –, und dem Wunsch, Gott zu dienen, um so den Versuchungen der weltlichen Macht zu entgehen. Dann aber fand Ludwig den »goldenen Mittelweg«: Er wurde zum Herrscher, der Recht und Gerechtigkeit walten ließ, so dass seine Regierung allen Untertanen – den Rittern, den Bürgern und den Bauern – von großem Nutzen war, deswegen war es gleichzeitig der Weg ins Himmelreich. In Gerichtsverfahren dachte er an das Wort des Evangeliums: »Und richtet nicht, so werdet ihr auch nicht gerichtet« (Lk 6,36) und ließ nur ungern Blut vergießen.

Ludwig war zugleich ein kühner und unerschrockener Ritter. Als einmal ein Löwe, der im Schloss gehalten wurde, sich losgemacht hatte und ausriss, lief der Landgraf – vorbei am angsterfüllten, schreienden Gesinde, bekleidet nur mit einem Hemd und leichten Schuhen – zu dem Löwen, drohte ihm mit der Faust und schrie ihn an, woraufhin das grimmige Tier sich wie ein zahmes Hündchen hinlegte und sich wieder in seinen Käfig bringen ließ. Berthold betont, dass hier nicht nur die Kühnheit Ludwigs, sondern in erster Linie der feste Glaube und das Vertrauen Ludwigs in Gott eine Rolle spielten. Offensichtlich lag der Zugang zu wilden Tieren »in der Familie«: Ein ähnlicher Fall wird von der jüngsten Tochter Ludwigs und Elisabeths, Gertrud, berichtet, die als Äbtissin des Prämonstratenserinnenklosters Altenberg einen ausgebrochenen Löwen durch Wort und Handbewegung zähmte.

An seinem Hof sorgte Ludwig für züchtiges Benehmen, er trieb mit harten Strafen die Lust an Beschimpfungen, Schwüren ohne Not, falschen oder zuchtlosen Reden aus. Sein Gesinde war fromm, die Edelleute waren friedsam und ehrlich, seine Ritter und Knechte treu und erkannten die ihnen zustehenden rechtmäßigen Zinsen und Soldzahlungen an; Bürger in seinen Städten waren demütig, gehorsam und rechtschaffen. Anders kann es auch nicht sein, belehrt Berthold, wenn ein Fürst Gerechtigkeit walten lässt. Und vor allem lebte Ludwig in Gottesfurcht und Gottesliebe. Jeden Tag ließ er Gottesdienste abhalten, förderte Kirchen und Klöster, wobei das Kloster Reinhardsbrunn ihm besonders am Herzen lag. Wenn er dort hinkam, besuchte er immer zuerst das Spital, wo er Arme und Kranke mit Kleidern und anderen Gaben tröstete. Auch dem

55

Konvent brachte er immer so viel zu essen mit, dass die Brüder noch einige Tage nach seiner Abreise davon leben konnten.

Was Ludwig mächtigen Fürsten versprach, hielt er. Aber lieber waren ihm Arme und Einfache, denen er sich gerne zuwandte und half. Man kann hier nicht mit völliger Sicherheit beurteilen, inwieweit all das eine Standesgrenzen ignorierende Nächstenliebe Elisabeths oder die eigene Einstellung Ludwigs war. Immerhin ist urkundlich belegt, dass Ludwig in seiner Regierungszeit die Gründung von Städten und das Bürgertum gefördert hat. Wichtig ist aber, dass Berthold an diesem Punkt seiner Beschreibung Ludwigs vom Bild des Romanritters und christlichen Idealherrschers abweicht und auf etwas Individuelles hinweist, das Ludwig Elisabeth nahe kommen lässt und die beiden in ihrem »Anderssein« vereint.

Das Thüringer Land erlebte unter der Regierung Ludwigs eine weitgehend friedliche und gute Zeit: Die Menschen hatten, was sie zum Leben brauchten, und fühlten sich sicher. Nicht von ungefähr wurde der von der katholischen Kirche nie heiliggesprochene Ludwig IV. als ein »Volksheiliger« verehrt. Durch das Tun des Landgrafen und seiner heiligen Gattin Elisabeth behütete Gott das Land ganz besonders, resümiert Berthold.

Für die Zucht, Schamhaftigkeit und Keuschheit Ludwigs führt Berthold mehrere Beispiele an, auch solche, die nicht in direkter Verbindung mit seiner späteren unerschütterlichen ehelichen Treue stehen. Eines Tages beobachtete er aus dem Fenster ein schönes tanzendes Mädchen. Sein Diener nahm an, dass sein Herr sich mit ihr gern vergnügen würde, und fragte, ob er ihm das Mädchen zuführen solle. Als Antwort bekam er einen Zornausbruch Ludwigs, der ihm augenblicklich gebot, zu schweigen und ihm nie mehr mit derartigen unsittlichen Angeboten zu kommen, wenn ihm die Gnade seines Herrn noch lieb sei.

Eine andere Episode liest sich fast wie ein Schwank oder eine Geschichte aus Boccaccios »Decamerone«. Einer der Lehnsmänner Ludwigs, ein reicher und mächtiger Ritter, hatte eine

schöne Frau, aber keine Erben, und das lag an ihm. So über-
redete er seine Gattin, von einem anderen Mann schwanger zu
werden, und diese Rolle hatte er keinem geringeren als Ludwig
zugedacht. Als der Ritter dem Landgrafen unter Verschwie-
genheitszusicherung von seinen Plänen erzählte, lehnte dieser
das Angebot nicht ab, sondern sagte zu, an dem vereinbarten Tag
ohne Begleitung auf der Burg des tugendlosen Ritters zu erscheinen. Vor diesem Termin ließ er seine Ärzte ein die Mannes-
kraft steigerndes Heilmittel zubereiten, als wäre es für ihn
selbst bestimmt, und kam damit zum verabredeten Termin. Bei
der reichhaltigen Tafel, die ihm geboten wurde, ließ Ludwig
den Burgherrn die Medizin einnehmen, welche sofort solche
Wirkung zeigte, dass dieser den Landgrafen höflich wieder aus-
zuladen suchte, um selbst die Gesellschaft seiner Frau zu genießen. Ludwig, der damit gerechnet hatte, klärte den Geheilten
darüber auf, dass er nie im Sinn hatte, mit seiner Frau Unzucht
zu treiben, sondern gekommen sei, um ihn mit dem mitgebrach-
ten Heilmittel von seinen Gebrechen zu erlösen und seine Gattin
vor Schande zu bewahren. Die Lehre aus der Geschichte besteht
nach Berthold nicht nur darin, dass Ludwigs vorbildliche Sitt-
lichkeit wieder mal eine Prüfung bestanden hatte, sondern auch
in der Tatsache, dass der Landgraf einem treuen Gefolgsmann
zuliebe bereit war, den Ärzten seine vermeintliche Impotenz

57 mitzuteilen, um an das Heilmittel zu kommen und dem tatsäch-
lich Betroffenen diskret zu helfen. Bemerkenswert erscheint,
dass diese lange Episode in keinem Werk der »Sekundärliteratur«,
nicht einmal in historischen Romanen über Elisabeth und
Ludwig aufgegriffen wird. Dabei wirft diese Tat ein sehr helles
Licht auf die Persönlichkeit Ludwigs und zeigt ihre wirkliche
Reife viel besser als die viel zitierte Szene mit der Dirne, die in
Ludwigs Gemach von seinem Gastgeber zum angenehmen
Zeitvertreib geschickt und von Walther von Vargila im Namen
des angewiderten Ludwigs mit einer Mark Silber wieder hinaus-
komplimentiert wird.

1217 wurde Ludwig in Eisenach feierlich zum Ritter geschlagen. Gleich nach dem Antritt der Nachfolge seines Vaters zog Ludwig in einen Krieg gegen den Bischof von Mainz. Die Feindschaft zwischen dem Landgrafenhaus und dem Bischof schwelte bereits seit langem. Der Mainzer Bischof belegte den jungen Fürsten mit dem Kirchenbann und wies darauf hin, dass der alte Landgraf schon gebannt gewesen und auch unter dem Kirchenbann gestorben sei. Diese Herausforderung rief den Zorn Ludwigs hervor, und er zog mit einem großen Heer durch Hessen, wo er die Ländereien aller Verbündeten des Bischofs verwüstete. Im nächsten Jahr fand eine Verhandlung im Dom zu Fulda statt, in deren Folge der Bischof Ludwig und seinen verstorbenen Vater vom Bann lossprach. Wie wir sehen, holten den »Idealfürsten« Ludwig die Zwänge der »Realpolitik« ein, und das wird kein Einzelfall bleiben.

Die Zuneigung Ludwigs für Elisabeth, die nun als seine Verlobte galt, war beständig und stark, »denn Gott selbst hat in seinem Herzen Liebe zu Elisabeth angezündet«. Er sprach zu ihr liebkosende und tröstende Worte, brachte ihr von seinen Reisen immer kleine Geschenke mit, nahm sie liebevoll in seine Arme. Am Hofe gingen Gerüchte um, dass der junge Landgraf Elisabeth doch nicht heiraten wollte, sondern nach Ungarn zurückschicken würde. Einigen Edelleuten, vor allem Graf Walther von Vargila, der Elisabeth als vierjähriges Mädchen nach Thüringen gebracht hatte und seitdem so etwas wie ihr guter Geist war, waren diese Gerüchte zuwider. Bei einem Ausritt fragte er deswegen Ludwig unter vier Augen, ob er die Königstochter nun heiraten oder nach Hause schicken wolle. Ludwig zeigte auf einen Berg vor sich und antwortete: »Wenn dieser Berg aus purem roten Gold wäre und mir gehörte, würde ich eher darauf als auf meine liebe Verlobte Elisabeth verzichten, man mag reden, was man will, ich sage aber, dass ich auf der Erde nichts lieber habe als sie.« Walther fragte, ob er diese Botschaft Elisabeth überbringen dürfe. Ludwig bejahte und gab ihm zur Bekräftigung seiner Worte ein Geschenk für Elisabeth mit: einen Spiegel, auf dessen Rückseite das Martyrium Jesu abgebildet war. Elisabeth freute sich über die Botschaft und das Geschenk und bedankte sich herzlich bei dem Boten. So war die gegenseitige innige Liebe besiegelt.

Eines Tages, anlässlich eines fürstlichen Aderlasses, wurde auf der Wartburg ein Fest gefeiert, dem eine Messe vorausging. Als der Priester die Hostie aufhob, war Elisabeth so tief in Gedanken an ihren künftigen Gemahl und in ihre Liebe zu ihm versunken, dass ihr Geist sich von der Betrachtung des Opfers Christi weit entfernte. Gott aber konnte es nicht zulassen, dass seine »erwählte Freundin« ihre Sinne von ihm abkehrte und »zog sie barmherzig wieder in seine Gnade«, und zwar auf solche Weise: Anstelle der Hostie erschien Elisabeth der Gekreuzigte mit blutenden Wunden in der Hand des Priesters. Elisabeth erkannte ihr Vergehen und erschrak, warf sich auf den Boden und blieb weinend mit dem Gesicht nach unten so lange in der Kirche liegen, bis sich alle Gäste zu Tisch begeben hatten. Keiner konnte sie aus diesem Zustand herausholen, bis der Landgraf selbst zu ihr kam und fragte: »Liebe Schwester, was ist der Grund, dass du nicht zu Tisch kommst und uns so lange auf dich warten lässt?« Elisabeth richtete sich auf, konnte aber vor Weinen kein Wort herausbringen. Ludwig sah nur ihre schmerzerfüllten roten Augen. Vor Mitleid begann auch er zu weinen und, obwohl er den Grund ihrer Verzweiflung nicht erfahren konnte, begriff er, dass sie etwas sehr Ernstes betrübte und ihr nicht nach der Festtafel zumute war. So wischte er sich die Augen ab und begab sich allein zu seinen Gästen; er beherrschte sich so, dass keiner ihm anmerken konnte, was ihm widerfahren war. Diese Szene ist eine bemerkenswerte Illustration der Beziehung des Paares: Obwohl Elisabeth Ludwig nichts von ihrer schrecklichen Vision erzählte, geschweige denn ihm irgendein »Beweis« dafür oder ein Zeichen Gottes gegeben wurde – wie im Falle der beliebten Szene mit dem Kruzifix, das im Ehebett an Stelle eines Aussätzigen erschien –, tat Ludwig das Verhalten seiner Verlobten nicht als »Laune«, hysterischen Anfall oder ähnliches ab, sondern respektierte ohne weitere Fragen ihren Gemütszustand, und ließ sie allein, wohl in Kauf nehmend, dass ihr

59

Nichterscheinen an der Festtafel jede Vorstellung der höfischen Etikette brach. Ob Ludwig wirklich die Größe der Persönlichkeit seiner Angetrauten ganz begriff und in ihr bereits die mit der himmlischen Krone gekrönte Heilige, die *gloria Teutoniae* – »Ruhm Deutschlands«, dieses Epitheton steht am Grab der heiligen Elisabeth – gesehen hat und sie deswegen gewähren ließ, sei dahingestellt. Wichtig ist aber, dass er ihr nicht nur mit aufrichtiger Liebe, sondern auch mit Respekt und mit Anerkennung ihres Rechtes begegnete, so zu sein, wie sie war, und das zu tun, was sie für richtig hielt. Eine Einstellung, die damals wie heute in zwischenmenschlichen Beziehungen äußerst selten vorkam und vorkommt!

Nun kam die Zeit, fährt Berthold fort, dass Gott seine geliebte Tochter nach allem bösen Gerede und allen Beleidigungen, die sie am Hofe hatte erdulden müssen, trösten wollte und den Landgrafen darin bestärkte, die Hochzeit vorzubereiten. So konnte er allen »bösen Kläffern ihren Hals stopfen« (Berthold, S. 27, 4 f.). Böse Zungen klatschten wohl von der Unvollständigkeit der Aussteuer Elisabeths, die ja von der Königin Gertrud aufgestockt werden sollte, wenn die Tochter ins heiratsfähige Alter kam, wegen des gewaltsamen Todes der Mutter aber nicht mehr erhöht werden konnte. Der tugendhafte Ludwig aber verlangte in seinem Ehewunsch nicht nach Silber und Gold, sondern nach einem Leben in Gottesfurcht, Zucht und Keuschheit. Deswegen sandte er seiner Braut ja auch als Zeichen seiner Liebe und der baldigen Hochzeit keinen Schmuck, der die Eitelkeit dieser Welt ausdrückt, sondern den Spiegel mit der Abbildung des Gekreuzigten. 1221 feierte man schließlich Hochzeit.

Hier muss kurz auf den Begriff der Keuschheit im Mittelalter eingegangen werden, um immer wieder aufkommende Irritationen hinsichtlich des Charakters der Ehe Ludwigs und Elisabeths zu beseitigen. Nicht nur diese Ehe wird keusch genannt, die erbauliche Vitenliteratur des Mittelalters ist voll mit Erwähnungen solcher ehelichen Beziehungen. Zum Beispiel in solchem Kontext: Die selige Schwester X des Konventes Y

5_Martin Schaffner, Elisabeth mit einem Bettler, Ulmer Münster (um 1530)

6_Die Wartburg

7_Ludwig verabschiedet sich von Elisabeth, Detail des Elisabeth-Schreins in der Elisabethkirche zu Marburg (begonnen um 1235)

8_Die Werke der Barmherzigkeit, Elisabeth-Altar, Walraf-Richartz-Museum, Köln (um 1495)

zeichnete sich seit ihrer Jugend durch besondere Frömmigkeit und Liebe zu Gott aus. Sie lebte in keuscher Ehe mit ihrem Gemahl, und nach mehreren Jahren des gemeinsamen Lebens gaben sie ihren Besitz auf, er wurde mit den Söhnen Ritter des Deutschen Ordens, und sie begab sich mit den Töchtern ins ehrwürdige Kloster Y. Schwester X übte Demut und Gehorsam, Askeseübungen und Taten der Barmherzigkeit und dafür wurden ihr viele Gnaden Gottes zuteil.

Solche manchmal fast schon klischeehaft kurzen Lebensbeschreibungen liest man in süddeutschen Textsammlungen über das Leben und die Tugenden der Dominikanerinnen, in den so genannten Schwesternbüchern, deren erste Vorlagen bereits im 13. Jahrhundert entstanden. Wie man sieht, waren auch andere »keusche« Ehen mit Kindern und vor allem mit der Eintracht der frommen Ehegatten gesegnet. Demzufolge soll man den Begriff »keusch« nicht als »sexuell enthaltsam«, »asexuell«, sondern eher als »nicht wollüstig«, »nicht rein sexueller, sondern auch geistiger Natur« interpretieren. Bereits Dietrich von Apolda am Ausgang des 13. Jahrhunderts sah sich bemüßigt, diesem Gegenstand ein paar Zeilen zu widmen, um mögliche Missverständnisse auszuräumen. Er schreibt zu dem ehelichen Verhältnis Ludwigs und Elisabeths: »Da wurden durch Gottes Geschick ein Getreuer mit einer Getreuen, ein Heiliger mit einer Heiligen, ein Unschuldiger mit einer Unschuldigen« vereinigt, die sich »nicht nur im fleischlichen, sondern auch im geistigen Beisammensein« lieb hatten. Ihre Liebe war eine vollkommene Liebe, da sie Gott über alle Dinge liebten. Sie lebten in »züchtiger keuscher Verbindung und begehrlicher Süßigkeit« (Cronica 7v). Berthold beschreibt es ähnlich: »Ach welch ein seliges, heiliges, unschuldiges Paar war zusammengekommen von Gottes Willen! Sie führten ein leibliches und geistliches Eheleben miteinander. Sie hatten zusammen eine unaussprechliche Liebe zu Gott, der heilige Engel war zwischen ihnen oft Bote« (Berthold, S. 27, 24–28). Hier wird vor allem der harmonische Charakter der Beziehung thematisiert, die nicht allein auf körperlicher Nähe und Leidenschaft, sondern auf der geistigen Ebenbürtigkeit der

61

Ehepartner gründet, auf gleichen Lebensprinzipien und auf
dem gegenseitigen Respekt, ja auf Gleichberechtigung. Diese
Art Ehe soll implizieren, dass jeder der Ehepartner nach dem
eigenen Weg zu Gott sucht, in der Liebe zu ihm sind sie aber
vereint.

Minne, êre, caritas

Der helden minne ir klage
Du sunge ie gên dem tage,
daz sûre nâch dem süezen.
Swer minne und wîplîch grüezen
Alsô enpfienc,
daz si sich muosen scheiden, –
swaz dû dô riete in beiden,
dô ûf gienc
der morgensterne, wahtaere, swîc,
dâ von niht gerne sinc!

Die Klage der heimlichen Liebe
sangst du von jeher dem Tag entgegen,
das Bittere nach dem Süßen.
Wer immer Liebe und Zärtlichkeit der Geliebten
nur unter der Bedingung empfing,
dass sie sich schon bald wieder scheiden mussten –
was immer du den beiden rietst,
als aufging
der Morgenstern, Wächter, schweig,
davon sing von nun an nicht mehr.

Swer pflíget oder íe gepflac,
daz er bî líeben wîben lac,
den merkaeren unverborgen,
der darf nicht durch den morgen
dannen streben.
Er mac des tages erbeiten.
Man darf in niht ûz leiten
Ûf sîn leben.
Ein offeniu süeze wirtes wîp
Kann sölhe minne geben.

Wer es aber so hält oder jemals zu halten pflegte,
dass er im Arm seiner Geliebten lag,
ohne es den Aufpassern zu verbergen,
der braucht nicht des Tages wegen
von dannen zu hasten.
Er kann den Tag ruhig abwarten.
Man braucht ihn auch nicht hinauszugeleiten
unter Gefahr für sein Leben.
Eine rechtmäßige zärtliche Ehefrau
Kann solche Liebe gewähren.

(MINNESANG, S.164 FF.)

Wolfram von Eschenbach singt in seinem »verkehrten Tagelied« über die Süße der ehelichen Beziehung, die rechtmäßig und sogar geheiligt ist, ohne ihren leidenschaftlichen, aufregenden Charakter zu verlieren. Das traf wohl auch auf die Ehe Ludwigs und Elisabeths zu. Ihre Beziehung wird in allen Quellen als zärtlich beschrieben, sie mochten nicht lange von einander getrennt bleiben, deshalb folgte Elisabeth Ludwig fast immer auf seinen Reisen. Wenn er sie doch zurücklassen musste, legte sie ein Witwenkleid an. Elisabeth wird ganz in der Tradition des Minnesangs als die *liebste friundin* (z.B. bei Dietrich von Apolda) Ludwigs bezeichnet. Elisabeth pflegte stets an der Tafel ihres Gatten zu sitzen, um so die »liebliche Gemeinschaft der Ehe zu beweisen« (Cronica 8v). So etwas war vielleicht einer Dame im höfischen Roman erlaubt, wurde aber im wirklichen Leben normalerweise anders gehandhabt und sorgte deshalb für Unmut unter den Höflingen. »Ihre reine, züchtige Liebe zueinander half ihnen beiden, ihre guten Taten zu vollbringen«, schreibt Berthold (S. 28, 18f.).

Im gleichen Jahr 1221 starb Dietrich von Meißen, der Gemahl der Halbschwester Ludwigs, Jutta. Der verstorbene Markgraf setzte Ludwig noch zu seinen Lebzeiten als den Vormund seines kleinen Sohnes Heinrich ein, da er Vertrauen in Ludwigs Treue hatte. Die Nachricht vom Tod des Schwagers erreichte Ludwig auf der Burg des Poppo von Henneberg. Er eilte zu seiner verwitweten Schwester. Alle Untertanen der Lausitz und der Mark Meißen sollten dem jungen Markgrafen Heinrich und seinem Vormund Ludwig Treue geloben und letzteren als den rechtmäßigen Nachfolger des Landesfürsten anerkennen, sollte Heinrich etwas zustoßen, bevor er ein mündiges Alter erreichte. Später allerdings erschien es Jutta nicht mehr sinnvoll, Ludwig als Vormund ihres Sohnes zu haben, und sie verfeindete sich mit ihrem Halbbruder, was viel Leid über ihr Land brachte.

1222 besuchten Ludwig und Elisabeth, begleitet von einem stolzen Gefolge, den königlichen Vater und Schwiegervater

63

in Ungarn. Außer der Beschreibung eines den hohen Gästen angemessenen ehrenvollen Empfangs ist von diesem einzigen Besuch Elisabeths in ihrer alten Heimat nichts überliefert. Im gleichen Jahr gebar Elisabeth einen Sohn, der nach seinem Großvater Hermann genannt wurde. Berthold schreibt, dass Elisabeth stets eine vorbildliche Ehefrau war und dafür von Gott vom betrüblichen Jammer der Unfruchtbarkeit erlöst wurde. Anscheinend wurde die Tatsache, dass Elisabeth nicht gleich nach der Hochzeit schwanger wurde, bereits als mögliche Unfruchtbarkeit gedeutet: Der Druck, die Ehe solle schnellstmöglich einen Stammhalter hervorbringen, war groß. Der junge Vater weilte zur Zeit der Niederkunft in Marburg. Seine Freude war unaussprechlich, als die er die gute Nachricht vernahm. Er beschenkte den Boten reich, und alle Anwesenden freuten sich mit ihm und lobten Gott.

Inzwischen eskalierten die Auseinandersetzungen Ludwigs mit seiner selbstbewussten Halbschwester, Markgräfin Jutta von Meißen, besonders nachdem sie sich heimlich mit dem Grafen Poppo von Henneberg verlobt hatte. Der Graf spielte Ludwig vor, in seinem Auftrag mit einem Heer gen Sachsen auszuziehen, reiste aber stattdessen nach Leipzig und verlobte sich mit der Markgräfin Jutta. Danach kehrte er auf die Neuenburg zurück und verkündete Ludwig, dass er seine Schwester ehelichen wolle und ihn zur Hochzeit einlade. Diese Ehe war Ludwig überhaupt

nicht recht, so wandte er wieder kriegerische Druckmittel an, half den mit der Markgräfin verfeindeten Bürgern Leipzigs im Kampf gegen sie und eroberte schließlich einige strategisch wichtige Burgen in Juttas Land. Die Markgräfin und ihr neuer Ehemann widersetzten sich hartnäckig, schließlich gelang es aber dem Herzog von Meran, zwischen den beiden verfeindeten Parteien zu vermitteln und sie zumindest zu einem »kalten Frieden« zu bewegen.

Das klingt nicht gerade nach einem »Friedensfürsten«, noch weniger folgende *aventiuren*: 1225 unternahm Ludwig einen abenteuerlichen Kriegszug nach Polen. Er belagerte die mächtige Burg Lebus. Das verwunderte den dortigen Herzog sehr, war er doch mit dem thüringischen Landesfürsten nie verfeindet gewesen! Aus langwierigen Verhandlungen ging nur eines hervor: Ludwig wollte die Burg unterwerfen, und wenn der Herzog sich seiner Kampfaufforderung nicht stelle, werde die Burg gestürmt und verwüstet. Da der Herzog nicht erschien und die Burg sich ergab, kam am Ende keiner zu Schaden. Anschließend wurde ein Turnier veranstaltet, woraufhin der Landgraf mit seinem Heer nach Hause abzog. Im gleichen Jahr erschien Ludwig am Hofe Kaiser Friedrichs II. in Ravenna, wo er mit Ehren und reichen Geschenken empfangen wurde. Daraufhin beteiligte er sich an kaiserlichen Fehden mit den abtrünnigen Städten Venedig und Bologna, deren Bürger gegen den Kaiser rebellierten, begleitete den Kaiser auf seiner fluchtartigen Reise durch Italien und Burgund und bat schließlich um die Erlaubnis zur Heimkehr. Der Kaiser ließ ihn ziehen und beschenkte ihn reich mit Lehensgütern im Meißner Land, in der Lausitz und in Preußen.

Denkt man an eine Strophe Walthers von der Vogelweide, die aller Wahrscheinlichkeit nach an den jungen Landgrafen Ludwig gerichtet war und ihm zu seinen schon vorhandenen Tugenden noch eine weitere wünschte, nämlich »nicht zögernd« zu sein (Walther, 77,10), so kann man sich der Vermutung nicht erwehren, Ludwigs gemessen an seinem kurzen Leben zahlreiche kriegerische Unternehmungen wären nicht so sehr durch weitreichende politische Interessen bestimmt, sondern sollten vielmehr als Beweis für seine ritterliche *êre* dienen. Greift man wiederum als Parallele zu Ludwig auf die Erec-Figur aus dem Roman des Hartmann von Aue zurück, wird man dort das die Handlung treibende Schlüsselereignis finden: Erec, der Enite und ihrem königlichen Vater ihr Reich zurückgegeben hatte, heiratet seine treue Geliebte und zieht sich vom ritterlichen Leben völlig ins Reich der Liebe zurück. Tagelang verlässt er das eheliche Schlafgemach nur, um zur Messe zu gehen. Schließlich bekommt Erec das Gemunkel seiner Gefolgsleute mit, ihr Herr habe sich »verlegen«. Daher zieht er aus, um seiner ritterlichen Pflicht nachzukommen. Die treue Enite folgt ihm trotz seines Verbotes, sich ihm zu nähern. Nebenbei bemerkt, von

65

Elisabeth wird berichtet, dass sie ihren Gatten immer, wenn es nur ging, auf seinen Reisen begleitete, wobei dies offensichtlich einvernehmlich geschah, da die Liebenden lange Trennungen nicht aushalten wollten. Ob eine solche Interpretation ganz im Sinne Kaplan Bertholds und anderer Hagiographen wäre, sei dahingestellt. Jedoch muss man daran denken, dass die Gestalten des Mittelalters erstaunlich vielseitig sein konnten: Ein und dieselbe Person konnte gleichzeitig grausam und barmherzig, verräterisch und treu sein, ein gerissener Politiker und ein tief religiöser Mensch, ein Herrscher, der die Geschicke von ganz Europa lenkte, und ein Literaturliebhaber, der sich zum König Artus stilisierte und sogar selbst der Dichtkunst frönte.

Zurück zu Elisabeth. Was machte sie, während ihr Ehemann repräsentierte und seinen »politisch-ritterlichen« Geschäften nachging? Elisabeth kasteite sich mit Schlafentzug, betete ganze Nächte hindurch in der Kälte und ließ sich von ihren Dienerinnen in einer entlegenen Kemenate geißeln – letzteres nennt Berthold allerdings nicht beim Namen, sondern umschreibt es mit »anderen guten Werken« (S. 28, 3), während die Zofe Isentrud im *Libellus* und Dietrich von Apolda direkt vom Geißeln sprechen. Auch Dietrichs Erklärung der Askeseübungen Elisabeths als die Bestrebung, die Wollust ihres Leibes zu bekämpfen, wenn sie schon nicht ganz in Keuschheit leben kann und darf, findet man bei Berthold nicht. Er hält sich konsequenter an die »dualistische« Natur der keuschen Ehe und kann nicht behaupten, Elisabeth hätte die durch die Liebe Gottes beseelte und geheiligte körperliche Liebe gänzlich abgelehnt. Der *Libellus* gibt nach Aussage der Isentrud von Hörselgau eine plausiblere, mehr nach der uns bekannten Elisabeth klingende Erklärung der nächtlichen Askeseübungen. Isentrud zitiert ihre Herrin selbst: »Wenn ich auch nicht immer beten kann, so möchte ich meinem Fleisch doch diese Gewalt antun, dass ich mich von meinem heiß geliebten Gemahl losreiße« (Libellus, S. 76). Offensichtlich geht es hier um die für Elisabeth charakteristische Bezwingung des eigenen Willens, verwandt mit ihrem noch kindlichen Verzicht auf den ersehnten Sieg im Spiel: Weil sie ihren Gemahl so liebte und begehrte, wollte sie sich »Gott zuliebe« einschränken.

Sie suchte mit ihren Askeseübungen die Nachfolge Christi anzutreten und sehnte sich nach der Vereinigung mit Gott, darin sind sich alle Quellen einig. Manchmal wurde Ludwig während der nächtlichen Frömmigkeitsübungen seiner Frau allerdings wach und, wenn er meinte, dass Elisabeth zu weit ging und ihre Gesundheit gefährdete, hielt er sie an den Händen und bat sie, sich zu schonen. Er verbot ihr aber die Kasteiungen nicht, da sein Glauben an Gott so »breit« (Berthold, S. 28, 13) war, dass er Verständnis für ihr Streben hatte, auch wenn er um ihre Gesundheit fürchten musste.

Bei Dietrich von Apolda lesen wir ein frühes Zeugnis der Begnadung Elisabeths: Ein Priester, der Elisabeth während der Messe das heilige Sakrament erteilte, erblickte den Schein, gleich einer Sonne, mit dem sie von Gott während ihrer Andacht erleuchtet wurde und erkannte, dass sich so ihre Heiligkeit offenbarte. Dieses Bild einer in sich ruhenden, strahlenden Auserwählten Gottes findet man im Übermaß in der bildenden, insbesondere neuzeitlichen Kunst; die mittelalterlichen Texte prägt dagegen doch eher das Bild einer das Tal des menschlichen Elends durchschreitenden, den Benachteiligten dienenden, Gott suchenden und hart an sich arbeitenden Elisabeth.

67

Eines Tages bat Elisabeth ihren Gemahl für sich und ihre Kammerdamen um Erlaubnis, nicht mehr von unrechtmäßig erworbenen Gütern essen und trinken zu müssen. Der Hintergrund dieser Bitte waren immer neue Arten Steuern, mit denen Bauern belegt wurden, um die vielen Kriegszüge sowie den opulenten Lebensstil am Hof finanzieren zu können. Diese zusätzlichen Belastungen des ohnehin verarmten einfachen Volkes widersprachen dem Gerechtigkeitsempfinden und den christlichen Vorstellungen Elisabeths von einem bescheidenen Leben. Ludwig entsprach ihrer Bitte und sagte, dass er sich selbst auch so verhalten würde, wenn er nicht auf das mögliche üble Gerede seines Hofgesindes Rücksicht nehmen müsste. Doch, fügte er hinzu, er wolle sein Leben in Kürze anders gestalten, wenn Gott ihn länger leben ließe. Ist das eine Andeutung des geplanten Kreuzzugs, der aber zu diesem Zeitpunkt doch noch in relativ weit entfernter Zukunft lag, oder hatte Ludwig tatsächlich mit dem Gedanken gespielt, seinem Gerechtigkeitsgefühl konsequenter zu folgen und die Verhaltensweise seiner Frau zu übernehmen? Doch ließ Gott Ludwig nicht mehr sehr lange leben, so dass es zu solch einem bemerkenswerten Schritt wie dem Verzicht auf »erpresste« Speisen nicht kam. Elisabeth erkundigte sich immer in der Schlossküche, ob die Lebensmittel, die auf die Tafel kommen sollten, aus »rechtmäßigen« oder »unrechtmäßigen« Abgaben stammten, und aß nur von den Ersteren. Wenn es nur »unrechtmäßig erworbene« Speisen gab, nahm Elisabeth zur Wahrung der Etikette davon nur scheinbar zu sich und blieb hungrig. Wenn sie aber merkte, dass ihre Dienerinnen, die sich mit ihrer Herrin zusammen enthalten mussten, sehr an Hunger litten, erlaubte sie ihnen zu essen. Einmal ließ Ludwig sogar das Essen wieder vom Tisch tragen, ohne dass jemand davon gegessen hatte, da er bemerkte, wie sehr Elisabeth der Anblick der »erpressten« Speisen widerstrebte.

Elisabeths Abneigung gegen reiche Kleidung und Schmuck blieb aus ihrer Mädchenzeit erhalten; dieser Abneigung zu folgen wurde jedoch schwieriger: Als Landgräfin musste sie sich zur höfischen Repräsentation und nicht zuletzt ihrem Mann zuliebe standesgemäß kleiden und schmücken lassen, dann trug sie unter ihrem Gewand ein grobes Hemd. Eines Tages kam eine hohe Gesandtschaft aus Ungarn, Elisabeth hatte aber kein angemessenes Gewand, um die Botschafter ihres Vaters zu empfangen, da sie alles gespendet hatte. Sie sagte ihrem besorgten Gemahl, er solle diesem Vorfall keine Bedeutung beimessen, denn sie hatte nie die Absicht, sich durch reiche Kleidung zu erheben. Elisabeth wollte aber Ludwig nicht betrüben, so ging sie in ihr Gemach und bat Gott um Beistand. Als sie vor der hohen Gesellschaft erschien, sahen alle ein wundervolles, reich geschmücktes Gewand, das Gott als Schein um sie gelegt hatte.

Auf eine verwunderte Frage Ludwigs antwortete sie, dass Gott solche Dinge zu vollbringen vermöge, wenn er wolle. Das gleiche Motiv treffen wir auch bei dem oft in der bildenden Kunst dargestellten »Mantelwunder«: Elisabeth gab ihren reichen Mantel, Statussymbol einer Fürstin, einem Bettler, da sie nichts anderes bei der Hand hatte. Es war aber angebracht, an der landgräflichen Festtafel vor Edelleuten in diesem Umhang zu erscheinen. Eine Dienerin lief in die Kleiderkammer und fand dort den gerade von ihrer Herrin weggegebenen Mantel.

Elisabeth soll auch, nach Aussagen Dietrichs, die Damen am Hof ermahnt haben, sich nicht allzu sehr der weltlichen Eitelkeit, Kleidern, Tanz und dem übrigen höfischen Treiben hinzugeben. Zeugnisse ihres Erfolgs in diesem Bereich sind nicht überliefert, dürften aber eher bescheiden sein. Die Quellen weisen immer wieder darauf hin, dass Elisabeth von ihrer Verwandtschaft und Höflingen als ein »weißer Rabe« angesehen wurde. Das böse Gerede dürfte durch ihre hohe Stellung als Gattin des Landesherrn zwar etwas eingedämmt, doch nicht verschwunden gewesen sein.

Elisabeth gab nicht nur Almosen, was an sich einer Dame in ihrer gesellschaftlichen Stellung gebührte, obwohl der Umfang ihrer Spenden und deren Zusammensetzung – sie gab ihren eigenen Schmuck und kostbare Kleider weg – nicht selten Aufsehen am Hof erregten. Vor allem sah Elisabeth den Inhalt ihres Alltags in schwerer, niederer Arbeit für die Armen und Kranken, für die, die sich aus verschiedenen Gründen in sozialer Hinsicht »am Boden« befanden. Und sie wollte diesen nicht nur tatkräftig dienen, sondern auch wie sie sein. Elisabeth pflegte ihren Körper nicht wie die anderen Edelfrauen, ihre kleinen Hände waren wund von der vielen harten Arbeit, sie spann und machte Kleidung für Arme und Minoriten, Windeln und Tücher für neugeborene Kinder der Armen, die mit ihrer Hilfe getauft wurden. Besonders half sie Frauen bei der Geburt und im Kindbett, ohne den harten Weg von der Wartburg herunter, den Schmutz und Gestank in den Hütten der Armen zu scheuen. Sie nähte eigenhändig Totenhemden für die in Armut Verstorbenen, sie wusch und bekleidete sie und organisierte ihre Beerdigung. Nicht immer gelang es der Königstochter, die schwere Arbeit der einfachen Leute auch geschickt zu verrichten: im *Libellus* ist ein Bericht überliefert, nach dem Elisabeth einmal den Wunsch eines armen Kranken nach Milch erfüllen wollte und eine Kuh zu melken versuchte, die Kuh schlug aber aus und ließ die Landgräfin nicht an sich heran. Elisabeth ging aber trotzdem ihren Weg unbeirrt weiter.

Von allen Gaben Gottes begehrte Elisabeth am meisten die Tugend der willigen Armut, sagt Dietrich. Sie prophezeite, dass sie in ihrem künftigen Leben bittere Armut erleiden würde wie Christus, um Vollkommenheit zu erlangen. Dieser Wunsch sollte in nur wenigen Jahren in Erfüllung gehen, allerdings teuer bezahlt durch die schreckliche Erschütterung des Verlustes ihres geliebten Ludwigs. »Selig seid ihr Armen; denn das Reich Gottes ist euer. Selig seid ihr, die ihr hier hungert; denn ihr sollt satt werden. Selig seid ihr, die ihr hier weinet; denn ihr werdet lachen. Selig seid ihr, so euch die Menschen hassen und euch ausstoßen und schelten euch und verwerfen euren Namen als einen bösen um des Menschensohnes willen« (Lk 6,20). Ernsthaft und kompromisslos wie alles, was sie tat, folgte Elisabeth diesem Wort aus der Bergpredigt, ungeachtet der schiefen Blicke und des Geredes am Hof.

1224 weilte Ludwig mit seiner Familie auf der Neuenburg, als seine Mutter ihm mitteilte, dass Elisabeth einen Aussätzigen in sein Ehebett gelegt habe und damit offensichtlich nach seiner Gesundheit trachte, denn die Ansteckungsgefahr sei groß. Ludwig begab sich ins eheliche Schlafgemach. Beim Anblick des Bettes öffnete Gott die inneren Augen Ludwigs, und er sah den gekreuzigten Christus. Er erkannte den wahren Sinn der Wohltätigkeit Elisabeths: Wer die Armen und Kranken pflegt, pflegt und liebt Gott selbst. Deshalb sagte er zu Elisabeth: »Elisabeth, meine liebe Schwester, solche Gäste sollst du mir öfter ins Bett legen.« Für die alte Landgräfin, die immer noch nur einen Aussätzigen im Bett sah, blieb der Grund der Reaktion Ludwigs wohl für immer verborgen. War das ein Wunder Gottes, wie auch die oben angeführten »Kleiderwunder«, das er durch seine

Auserwählte gewirkt hat? Auch im Mittelalter gingen theolo-
gisch Gebildete mit diesem gewissermaßen heiklen Begriff vorsichtig und differenziert um. An dieser Stelle ist es angebracht,
die Aussage des Cäsarius von Heisterbach über das Wesen der
Heiligen anzuführen. Wunder, so sagt er, machen das Wesen
eines Heiligen nicht aus, sie sind nur äußere Zeichen, durch die
Gott zu verstehen gibt, dass dies ein vorbildlicher Mensch ist –
ähnliche Aussagen enthalten seine Schriften *Dialogus Miracu-
lorum* und *Sermo de translatione beatae Elisabeth*.

Ludwig sah, dass seine Gattin sich immer mehr Gott und der
geistigen Vollkommenheit näherte, aber sah darin keine Bedro-
hung für ihre eheliche Nähe, im Gegenteil, geleitet durch seine
große Liebe zu ihr und sein Verständnis für ihre gottgefälligen
Bestrebungen, unterstützte und förderte er sie. Er gab ihr »ganze
Macht und freie Willkür alles zu tun, was Gottes Lob und seine
Ehre anlangt« (Berthold, S. 36, 4 f.).

Während Ludwig beim Kaiser in Italien weilte, herrschte
Hungersnot in Thüringen, und das bereits das dritte Jahr, als
Folge von Überschwemmungen und mal zu trockenen, mal
zu feuchten Jahreszeiten. In der härtesten Zeit, im frühen Sommer 1226, ließ Elisabeth, die vorübergehend stellvertretend
für ihren Gemahl die Geschicke des Landes lenkte, am Fuße des
Berges, auf welchem die Wartburg stand, in Eisenach das
St. Annenhospital für 28 Personen errichten; das erste Hospital
hatte sie zusammen mit Ludwig 1223 in Gotha gegründet. Das
neue Hospital war so beschaffen, dass, wenn dort jemand
starb, gleich ein neuer Patient nachrückte. Das klingt vielleicht
etwas pietätlos, aber eine solche »Betriebsorganisation« war effi-
zient und ermöglichte es, die höchstmögliche Anzahl von Bedürftigen aufzufangen. Auch wies Elisabeth ihr Gesinde an,
täglich in ihrer Gegenwart Almosen an hundert Arme zu verteilen – Elisabeth vertraute wohl den meisten an ihrem Hof
nicht allzu sehr, wohl auch zu Recht, nachdem sie so viel übles
Gerede über sich erlebt hatte und angesichts dessen, was sie später noch erdulden musste. Sie verbrachte jeden Tag viel Zeit mit
der Pflege der Spitalinsassen, wobei sie bei der Behandlung der

71

»widerlichsten« Krankheiten im Unterschied zu ihren Dienerinnen nicht das geringste Ekelgefühl zeigte. Beson ders liebevoll
behandelte Elisabeth die Kinder im Spital. Sie liebkoste sie,
drückte sie an sich, brachte ihnen Spielzeug, wobei den kränks-
ten und behinderten unter ihnen ihre größte Aufmerksamkeit
galt. Die Waisenkinder erwiderten diese Zuneigung mit Liebe
und nannten Elisabeth Mutter.

Ludwig war bereits auf dem Heimweg vom Kaiser in Italien
und machte Halt in Schweinfurt, als ihn die Nachricht erreichte,
Graf Poppo von Henneberg wolle ihn gefangen nehmen. Nach
einer Unterredung mit seinem Bruder Heinrich Raspe machte
sich der Landgraf mit seinen Mannen schnellstens auf, ritt die
ganze Nacht durch und kam heil und gesund auf der Wartburg
an. Die Freude aller Angehörigen war groß, aber die Freude
Elisabeths war damit nicht zu vergleichen. »Sie küsste ihn mit
dem Herzen und mit dem Mund mehr als tausend Mal«, sagt
Berthold (S. 45, 27f.). Aus diesem freudigen Anlass gab Elisabeth
besonders üppige Almosen. Als Ludwig das Murren am Hofe
mitbekam, sagte er: »Lasset sie durch Gott geben und armen
Leuten nach ihrem Willen Gutes tun, auf dass die Wartburg
und die Neuenburg auf immer unter unserer Herrschaft bleiben.
Ich weiß genau aus der Heiligen Schrift, dass Gott drei Dinge
besonders gefällig sind und auch bei den Leuten Gefallen finden:
das sind die Eintracht zwischen den Brüdern, Liebe und Treue
unter den Christen und Einigkeit zwischen dem Mann und dem
Weib, die eins sind« (Berthold, S. 46, 4–10).

Im gleichen Jahr, also 1226, betrat eine neue Figur die Wartburg-
Szene. Dieser »zweite Mann« im Leben Elisabeths, wenngleich
äußerst umstritten, spielte zweifelsohne eine Schlüsselrolle im
geistigen Werdegang der jungen Landgräfin. Es war der Kreuzzugprediger und Ketzerverfolger Magister (Meister) Konrad
von Marburg. Zu seiner grausamen Rolle im gesamthistorischen
Kontext sowie zu seiner umfassenden, jedoch an ihre Grenzen
stoßenden Macht über Elisabeth nach dem Tod Ludwigs kommen wir noch ausführlich zu sprechen. An diesem Punkt sei

er nur als bekannter Kreuzzugprediger eingeführt, der auf seinen
Reisen durchs Land am Hof des thüringischen Landgrafen auf-
tauchte und großen Eindruck sowohl bei Elisabeth als auch bei
Ludwig hinterließ. Die mittelalterlichen Quellen sind voll Lobes
für seine »kompromisslose Tugend und Strenge, seine Gestalt
ist frei von jedem Zweifel an seinen Methoden als Seelsorger und
als Ketzermeister. In den damaligen Zeiten fand man noch
unter Priestern und Bischöfen gerechte, vollkommene Menschen,
die als Beispiele dienen konnten.« So, sich der üblichen Floskel
über die »guten, glorreichen, alten Zeiten« bedienend, führt der
Autor des »Lebens des Landgrafen Ludwig« – hier ist es vermutlich nicht Berthold, sondern ein weiterer Bearbeiter seines
Textes, da Berthold ja ziemlich zeitnah die Ereignisse aufge-
schrieben haben soll – Konrad ein. Eben solch ein vorbildlicher
Priester sei Konrad von Marburg gewesen, dessen »tugend-
haftes Leben in deutschen Landen wie ein Stern leuchtete« (Berthold, S. 46, 24f.). »Er war ein gelehrter Mann, Feind aller
Ketzerei und alles Unglaubens, Reichtum und zeitliche Güter
begehrte er in keiner Weise. Er begnügte sich mit einem schlichten Pfaffenkleid, sein Antlitz war scharf. Den guten Christen
gegenüber war er zugeneigt und gütig, an Ungläubigen übte er
hart und gerecht Rache. Er wurde vom Heiligen Stuhl mit der
Aufgabe betraut, in deutschen Landen Gottes Wort zu predigen.
73 Er zog predigend durch das Land, und ihm folgte eine Menge
Volkes, gelehrtes und ungelehrtes. Einige hielten ihn für einen
heiligen gerechten Menschen und fürchteten ihn von Liebe
wegen, die anderen hatten richtige Angst vor ihm.« Zwischen
den Zeilen soll man wahrscheinlich lesen: … weil sie sich vor
seinen Verfolgungen nicht sicher fühlen konnten, weil man
nicht vorhersehen konnte, wer als nächster als »Ketzer« ange-
klagt wurde.

Diesem Konrad übertrug Ludwig auch im Namen seiner zwei
Brüder die Vollmacht, in seinem Machtbereich geistliche Lehen
zu vergeben, da Konrad ihm gesagt haben soll, »es wäre eine klei-
nere Sünde, sechzig Menschen umbringen zu lassen, als ein
Kirchenlehen an einen abzugeben, der dessen nicht würdig ist

und von der Sache nichts versteht.« Bereits zwei Jahre zuvor
soll Konrad Ludwig für den neuen Kreuzzug des Kaisers Friedrich II. gewonnen haben. 1226 äußerte der Landgraf auch seine
Zustimmung zur Übernahme der Beichtvaterfunktion für Elisabeth durch Konrad. Elisabeth, die in den Bann des ungewöhnlichen, strengen, asketischen Geistlichen geriet, legte vor Konrad
im Zisterzienserkloster zu Eisenach das Gelübde ab, ihrem
Beichtvater unbedingten Gehorsam zu leisten – jedoch erst nach
der Gehorsamspflicht ihrem Ehemann gegenüber – und sich
im Falle von dessen Tod nicht wieder zu verheiraten. Interessanterweise erwähnt Konrad selbst in seiner *Summa vitae* dieses
Gelübde mit keinem Wort. Vermutlich hätte man an einem solchen Abhängigkeitsverhältnis einer Landesfürstin von einem
Geistlichen eine politische Brisanz entdecken können, was Konrad in dem von ihm initiierten Heiligsprechungsverfahren nicht
gebrauchen konnte.

Ein Zeugnis der seelsorgerischen Tätigkeit Konrads während der Ehejahre Elisabeths sollte nicht außer Acht gelassen
werden. Während Berthold den Verzicht Elisabeths auf die
unrechtmäßig erworbenen Speisen von ihrem eigenen Gerechtigkeitsgefühl herleitet, bietet Dietrich von Apolda folgende Version: Konrad von Marburg hielt die Steuer, die erhoben
wurde, um die fürstlichen Tafelrunden zu versorgen, für ungerecht, so regte er an, dass seine Beichttochter auf diese »erpressten« Speisen verzichte. Elisabeth befolgte seinen Rat, ihre
Dienerinnen jedoch fürchteten, dass solches Verhalten Aufsehen erregen würde und erzählten dem Landgrafen davon.
Ludwig erwiderte, dass er das Tun seiner Frau billige und ihr
sogar folgen würde, wenn er nicht Rücksicht auf seine Höflinge
nehmen müsste. Eine Beteiligung Konrads an dieser »sozial-
reformatorischen« (nach der Definition von Maria Maresch,
S. 59) Protestaktion gegen Fürstenwillkür ist durchaus denkbar,
denn er hat sich später – auf dem Höhepunkt seiner Karriere
als Ketzermeister – vom Standesdenken völlig unabhängig
gezeigt, was ihn am Ende auch zugrunde richtete. So trafen sich
an diesem Punkt die Gerechtigkeitsvorstellungen und die

Barmherzigkeit Elisabeths mit dem asketischen Armutsideal ihres Beichtvaters.

Hatte Elisabeth, ob mit oder ohne Einfluss Konrads, tatsächlich eine ausgeprägte Vorstellung von der sozialen Situation ihrer Untertanen? War sie bewusst oder unbewusst Initiatorin einer gewaltlosen sozialen Reform nach Christi Vorbild? Es gibt zwei Beispiele, die einander eigentlich widersprechen. Das erste: Elisabeth sprach mit Ludwig darüber, wie schön es wäre, als einfaches armes Ehepaar ein Gott gefälliges Leben führen zu können, frei von den Zwängen höfischen Lebens und der Staatsräson. Hätten sie ein Grundstück und 200 Schafe, träumte Elisabeth laut, Ludwig könnte den Acker bestellen, sie würde Schafe melken. Ludwig antwortete lachend: Wenn sie das alles besäßen, wären sie nicht arm, sondern reich. Hier erscheint Elisabeth naiv und sogar weltfremd, wogegen Ludwig die wahre Situation seiner Bevölkerung ziemlich realistisch einschätzt. Eine andere Elisabeth zeigt die folgende Szene: Während der bereits erwähnten Hungersnot im Sommer 1226 verteilte Elisabeth nicht nur Almosen und baute ein Spital, sondern organisierte eine Art »Arbeitsbeschaffungsmaßnahme«: »Hilfe zur Selbsthilfe«. Sie ließ nämlich unter den arbeitsfähigen Bedürftigen feste Kleidung und Arbeitsgeräte austeilen, damit das wenige, was noch zu ernten war, nicht auf den Feldern blieb, denn viele Bauern waren so verarmt, dass sie nicht einmal Werkzeug zum Arbeiten hatten. Meister Konrad benennt in seiner *Summa vitae* deutlich diesen bewusst sozialen Aspekt der Mildtätigkeit Elisabeths. Die sonst als *pauperum consolatrix* (»Trösterin der Armen«) bezeichnete Elisabeth wird in der Situation der Hungersnot zur entschieden handelnden *famelicorum reparatrix* (»Retterin der Hungernden«), die die staatlichen Getreidevorratskammern öffnet und Arbeitsgeräte an Arbeitsfähige abgibt. Hier sehen wir keine Träumerin, sondern eine kluge Landesmutter, die hehre Ideale hat, aber mit beiden Füßen auf dem Boden steht. Der Gegensatz zwischen diesen zwei Bildern Elisabeths ist ein scheinbarer: Sie war eben keine eindimensionale Ikone, sondern eine lebendige, suchende und veränderungsfähige Persönlichkeit.

Abschied

1227, nach langem Zögern und Ringen zwischen dem Kaiser und dem Papst, wurde ein neuer Kreuzzug ausgerufen. Ludwig beschloss unter dem Eindruck der Predigten Konrads von Marburg und auf Anraten des Hildesheimer Bischofs Konrad, sich daran zu beteiligen. Dennoch ließ er sich das Stoffkreuz als Zeichen seiner künftigen Beteiligung am Kreuzzug lange nicht an seine Kleidung nähen, damit Elisabeth nichts von seinen Absichten erfuhr. Er wartete auf eine gute Gelegenheit, ihr das mitzuteilen, denn er wusste, wie sehr es sie erschrecken und betrüben würde. Es gab noch einen Grund, Elisabeth zu schonen: Sie war mit ihrem dritten Kind schwanger; die zweite Tochter Sophie war 1224 geboren worden. Es fügte sich aber anders: Elisabeth spielte einmal mit dem Gürtel Ludwigs und fand zufällig in seiner Tasche das Kreuz. Sie erschrak so sehr, dass sie zu Boden sank. Ludwig hob sie auf und versuchte sie mit zärtlichen Worten und mit Zitaten der Heiligen Schrift zu beruhigen. Schließlich nahm sie die Nachricht hin. Die beiden gelobten angesichts der Mission Ludwigs im Heiligen Land, das ungeborene Kind Gott zu weihen und später in ein Prämonstratenserkloster zu geben – nach Altenberg oder Rumarsdorf, je nach Geschlecht des Kindes.

76 Vor der Abreise verabschiedete sich Ludwig wie ein richtiger Landesvater von seinem Volk und empfahl sein gedeihendes Land seinen Brüdern, die daheim blieben, während er seine Christenpflicht als Kreuzritter erfüllte, für die er sogar seine allerliebste Gemahlin und seine Kinder zurückließ. Er bat seine Angehörigen und die versammelte Bevölkerung, für ihn und seine Mannen zu beten, und gab Land und Leute in die Gnade Gottes. Die Edlen und das einfache Volk begannen um ihn zu trauern. Danach zog Ludwig durch Männer- und Frauenklöster seines Landes, betete dort und befahl sich demütig in das Gebet der Mönche und Nonnen. Im Kloster Reinhardsbrunn nahm er besonders herzlich Abschied und weissagte den dortigen Brüdern, »dass ihnen nach seiner Abfahrt viel Böses widerfahren würde, dass sie überfallen und ihrer Güter beraubt, in Armut und Kummer gestürzt würden, aber Gott zu gegebener Zeit dem Kloster seine Barmherzigkeit wieder erweisen und die Brüder wunderbar trösten würde«.

Von Reinhardsbrunn zog Ludwig nach Schmalkalden, wo er mit seinen Lehnsmännern und ihren Truppen zusammentraf. Hier ereignete sich die große Abschiedsszene, die bei Berthold in schlichten, aber eindringlichen Worten beschrieben wird. Ludwig wandte sich zuerst an seine Brüder und übergab ihnen seine Gattin und seine Kinder zum Schutz. Dann verabschiedete er sich zärtlich von seiner untröstlichen Mutter. Sie und Elisabeth flehten ihn an zu bleiben. Die beiden Frauen zogen von zwei Seiten an ihm, Elisabeth schrie: »Weh mir viel armem Weibe!« Ludwig war voller Mitleid, jedoch konnte er unmöglich von seinen Absichten lassen. So fasste er Mut und befreite sich mit einem Kraftakt von den beiden Frauen. Er saß auf und der Zug setzte sich in Bewegung. Das Volk folgte den Kreuzrittern noch lange, dann blieben die Leute zurück, nur Elisabeth ritt noch hinter ihrem Mann her. Ihr Herz war voller Jammer beim Anblick ihres geliebten Gatten, der *elendelich* auf Pilgers Weise ins fremde Land zog. Sie konnte sich nicht entscheiden, was schmerzhafter sei: Ludwig noch weiter zu folgen oder zurückzubleiben. Als sie die Grenzen Thüringens erreichten, sprach der Ritter Rudolf Schenk von Vargula zu Ludwig: »Gnädiger Herr, es ist Zeit, lasst unsere gnädige Frau wiederkehren, es muss doch sein.« Ludwig sah es auch, er holte seinen Siegelring aus der Tasche und sprach zärtlich zu seiner betrübten Gattin: »Meine allerliebste Schwester, siehst du dieses Ringlein, darauf ist das Lamm Gottes mit einer Fahne, in einen edlen Saphir eingearbeitet? Das soll für dich ein Zeichen sein, dass du demjenigen, mit dem ich es dir sende, gänzlich vertrauen sollst, wenn er dir von meinen Wegen, von meinem Leben oder Tod erzählt.« Er befahl nochmals Elisabeth und ihr ungeborenes Kind in die Gnade Gottes, erinnerte Elisabeth an ihre Absichten hinsichtlich der Zukunft dieses Kindes, das Gott geweiht war, und schied von seiner geliebten Gattin voller Jammer und Schmerz. Der Anblick dieses Abschiedes war für alle Anwesenden unerträglich, alle begannen zu weinen und für das Heil des Landgrafen zu beten, Jungfrauen rangen voller Jammer ihre Hände. Endlich fasste Ludwig wieder Mut und ging seines Weges, wie es einem kühnen Recken gebührt. Die schmerzerfüllte Elisabeth kehrte heim, legte ihre fürstlichen Kleider ab – für immer, wie sich bald herausstellte – und ein Witwengewand an, entsagte gänzlich allen Freuden und widmete sich in Einsamkeit und Trübsal vollständig dem Dienst Gottes (Berthold, S. 54, 19 – S. 58, 14).

Es gibt eine meines Erachtens sehr authentische und ausdrucksvolle bildliche Darstellung der Abschiedsszene, nämlich ein Relief auf dem »goldenen« Schrein der heiligen Elisabeth in der gleichnamigen Kirche in Marburg. Das Relief zeigt die sich umarmenden Liebenden, die einander direkt in die Augen schauen, als wollten sie ineinander versinken, in die tiefste Seele des Gegenparts hineinblicken; die Umgebung existiert für sie in diesem Augenblick nicht, nur die Liebe, der Schmerz des Abschieds und die bösen Vorahnungen. Das Antlitz der gerade erst zwanzig Jahre jungen Elisabeth erscheint wie das Gesicht einer alten, viel Leid kennenden Frau. Das Mittelalter scheute Darstellungen von tiefen, durch Schmerz und Verzweiflung entstellten Gesichtern nicht. Wie aus dieser Tragik im Laufe der Rezeption ein Melodram wurde, zeigt das Bild, das der späte Romantiker und katholische Didaktiker Alban Stolz in seinem Elisabeth-Buch für fromme Frauen zeichnet: »Die zwei armen lieben Kinder, welche kaum recht verstanden, um was es sich handle, weinten eben auch und umhalsten den Vater und riefen ihm in unschuldiger Einfalt zu: »Gute Nacht, lieber Vater, viel tausend gute Nacht, herzgoldiger Vater!« – Ja wohl hatten die Kinder recht, dass sie gute Nacht gewünscht haben – es kam eine lange, lange Nacht. Als sich Ludwig endlich zum Teuersten, was er auf Erden hatte, zu Elisabeth, wandte, da überwältigte ihn so sehr der Trennungsschmerz, dass er vor heftigem Weinen kein Wort hervorbrachte. Er fasste sie mit dem einen Arm, mit dem andern seine Mutter, drückte beide stumm an das Herz und küsste sie, und konnte vor bitterem Weh länger als eine halbe

Stunde nichts sagen, sondern nur unaufhörlich weinen. Vielleicht war es nicht bloß der herbe Schmerz des Abschieds, was seine Seele so gewaltsam ergriff, sondern auch die Ahnung von dem, was über ihn und seine Gemahlin und seine Kinder kommen sollte. [...] Die Brüder und die Ritter umgaben dieses jammervolle Schauspiel, das Volk drängte sich heran, und niemand konnte sich der Tränen erwehren, lautes Klagen und Jammern erfüllte die Luft.« (Alban Stolz, S. 152f.) Die Geschichte Elisabeths hat eben soviel Potenzial, dass jede weltanschauliche Strömung diesen Stoff als Spielwiese benutzen konnte.

Zurück zur Darstellung Bertholds. Ludwig, begleitet von seinen besten Rittern und Knechten, von seinem Kaplan und Schreiber und auch anderen Geistlichen, zog durch Hessen, Franken, Schwaben und Bayern nach Italien; auf Sizilien trafen sie auf Kaiser Friedrich, der sie würdig empfing. Das vereinigte Heer zog dann weiter und schiffte sich in Brindisi ein.

Ludwig erkrankte an Fieber, jedoch setzten sie ihre Seereise fort. In Otranto trafen sie die Kaiserin, die Ludwig in aller höfischen Zucht begrüßte und ehrte. Es ging ein Gerücht um, dass Ludwig mit ihr ein giftiges Getränk trank. Berthold lässt die Frage offen, ob das Fieber oder die angebliche Vergiftung die Todesursache Ludwigs war, und Dietrich von Apolda, der sich sonst sehr dicht an den Text Bertholds hält, lässt die Erwähnung des Giftes ganz aus und erzählt nur über das »kalte Fieber«, das den Landgrafen befiel. Ludwig ging es nun immer schlechter, er kehrte auf sein Schiff zurück und legte sich ins Bett, um nie wieder aufzustehen. Ludwig erkannte schnell, dass er nicht wieder genesen würde und bestellte den Patriarchen von Jerusalem zu sich, von dem er die letzte Ölung und Eucharistie empfing. Als der Tod nahte, fragte er die Anwesenden, ob sie nicht die schneeweißen Tauben sähen, die im Zimmer flatterten. Alle hielten es zunächst für Fieberfantasien des Kranken, doch als der Fürst sagte, er wolle mit ihnen wegfliegen, und daraufhin verschied, bezeugten einige, auch der Kaplan selbst, dass sie weiße Tauben in diesem Augenblick gen Orient fliegen sahen. So brachten die

Gesandten des Heiligen Geistes in Taubengestalt die Seele des tugendhaften Fürsten »zu der Sonne der Gerechtigkeit und zu der Klarheit des ewigen Lichtes« (Berthold, S. 58, 18 – S. 60, 35). Es sei an dieser Stelle vorausgreifend eine Episode aus den letzten Tagen Elisabeths angeführt. Nach der Beschreibung einer Dienerin lag sie kurz vor ihrem Tod, ihren Blick zur Wand gerichtet, auf ihrem Sterbelager und fing plötzlich an, wunderschön zu singen. Nach einer Weile kam sie zu sich und die Dienerin sagte: »Herrin, du hast so lieblich gesungen!« Darauf antwortete die Sterbende, dass ihr ein Vöglein so wunderschön zugesungen habe, dass sie mitsingen musste. Einerseits gehört das Bild der singenden Vögel oder weißen Tauben als Symbol der gen Himmel strebenden Seele der Sterbenden zweifelsohne zu den verbreiteten und beliebten Topoi der Vitenliteratur. Andererseits erscheint es bemerkenswert, dass den seelenverwandten Ehegatten, die in frommer Liebe zu Gott wie in der menschlichen hohen Minne vereint waren, ähnliche »Vogelvisionen« zuteil wurden.

Das wunderbare Auferstehen des scheintoten Helden gibt es nur im Roman. Der »historische« Ritter Ludwig, der um der *minne* und der *êre* willen und zum Ruhm Gottes auszog, konnte von seiner letzten *aventiure* nicht zurückkehren. Elisabeth musste nun den unwiederbringlichen Verlust beweinen.

Der Bruch –
Elisabeth
nach dem Tode
Ludwigs

Als Ludwig am 11. September 1227 verschied, »erhoben sich ein großer Jammer und Wehklagen im ganzen Heer«, setzt Kaplan Berthold seinen traurigen Bericht fort. Der Teil des Heeres, der bereits vorher ins Heilige Land gezogen war, kehrte zurück, und alle Ritter bestatteten gemeinsam ihren Herrn, dann setzten sie ihre Reise fort, wie sie gelobt hatten.

Die Boten, die die schreckliche Nachricht nach Thüringen brachten, trauten sich nicht, damit gleich unter die Augen Elisabeths zu treten, deswegen gingen sie zuerst zu ihrer Schwiegermutter Sophie ins Katharinenkloster zu Eisenach. Diese kam in Begleitung vieler Edelfrauen auf die Wartburg und wurde freundlich von Elisabeth empfangen. Zuerst verstand Elisabeth gar nicht, dass es um den Tod ihres Gatten ging und nicht um eine Gefangenschaft, da die Schwiegermutter vorsichtig zuerst von »Gottes Geschick« sprach. Elisabeth zeigte sich zuversichtlich und sagte, sie hoffe, dass ihr »lieber Bruder« mit Gottes Hilfe wieder freikommen werde. Dann sprach Sophie die schreckliche Wahrheit aus: »Liebe Tochter, er ist tot.« … *do si daz borte, do sloz si vingere unde bende in ein andir unde leite si mit jamere unde mit geneigetim houpte uff ore* [ihre] *knie unde sprach mit betrubitim herzin diese wort ,tot, tot sal mir nu alle wertliche* [weltliche] *froide unde ere si'* (Berthold, S. 62, 4–8). Ergreifender kann man die Szene auch für den anspruchsvollen modernen Leser kaum darstellen. Mit diesem Satz **83** schnitt Elisabeth ihr Leben erbarmungslos in zwei Teile: mit Ludwig und ohne Ludwig, hell und dunkel. Danach stand Elisabeth auf und lief weinend und schreiend im Speisesaal hin und her wie ein Mensch, der von Sinnen ist. Keiner vermochte sie zu beruhigen, und alle waren sehr bewegt von dem Jammer der edlen Fürstin. All ihr Trost auf dieser Erde war dahin, aber ein Funken leuchtete noch: Elisabeths Glaube und ihr Verlangen nach Gott. Berthold spricht vorausschauend von dem Trost, den Elisabeth in ihrem weiteren Leben »vom Heiligen Geist in Süße seiner Gnaden« erfahren habe.

Berthold, der sich in erster Linie als Biograf Ludwigs versteht, lässt die Ereignisse zwischen dem Eintreffen der Todesnachricht auf der Wartburg und der endgültigen Bestattung der Gebeine Ludwigs in Reinhardsbrunn aus. Diese Ereignisse waren aber dramatisch und turbulent.

Heinrich Raspe, der die Nachfolge seines verstorbenen Bruders antrat, waren die Wohltätigkeit und eigenartige Lebensführung seiner Schwägerin nie geheuer. Nun aber war der Schutzschild, den ihr Mann als Herrscher im Lande vor sie gehalten hatte, weg: Heinrich Raspe hatte das Sagen. Er hielt Elisabeth das Dahinschmelzen der landgräflichen Güter als Folge ihrer Wohltätigkeit vor und verlangte von ihr als Konsequenz den Verzicht auf das Leben im getrennten Haushalt. De facto bedeutete dies, dass Elisabeth nicht mehr von den Renten aus den ihr zustehenden Wittumsgütern leben konnte und ihr völlig vom Hofe zurückgezogenes Leben sowie ihre systematische Ablehnung der »geraubten« Speisen aufzugeben hatte. Elisabeth übte Demut und war alles andere als streitsüchtig, war aber offensichtlich in der Lage, in verbalen Auseinandersetzungen standhaft zu bleiben und die Oberhand zu gewinnen. Sie hielt an ihrem Prinzip fest, sich unrechtmäßig erworbener Speisen und Güter zu enthalten, möglicherweise verwies sie auch darauf, dass diese Verhaltensweise von ihrem seligen Gemahl ausdrücklich gebilligt worden war. Der genaue Ablauf der Auseinandersetzung Heinrich Raspes mit seiner Schwägerin ist in keiner der mittelalterlichen »Hauptquellen« überliefert. Klar ist aber, dass der Konflikt eskalierte und es zu Elisabeths Verlassen der Wartburg unter Entzug jeder materiellen Unterstützung kam.

Über die Umstände, unter denen Elisabeth von der Landgrafenresidenz nach Eisenach gelangte, scheiden sich die Geister. Der *Libellus* berichtet recht lapidar von der Vertreibung Elisabeths von der Wartburg durch einige Vasallen ihres Mannes – Heinrich Raspe sei noch ganz jung gewesen; Cäsarius von Heisterbach, Dietrich von Apolda und, diesem folgend, Johannes Rothe bringen die Schwäger Elisabeths ins Spiel: Heinrich Raspe und sein Bruder Konrad hätten alle Anstandsregeln gebrochen und Elisabeth mit ein paar Dienerinnen und drei kleinen Kindern einfach auf die Straße gesetzt. Kaplan Berthold, der die Situation in einem Satz zusammenfasst, spricht vom widerrechtlichen Entzug der Wittumsgüter durch die Brüder Ludwigs und von der Flucht Elisabeths. Neuere Interpretationen deuten die Aussagen der Quellen um und gehen davon aus, Elisabeth habe freiwillig die Burg verlassen, um im Einklang mit ihren Prinzipien und Vorstellungen von Frömmigkeit weiter leben zu können. Hier wie auch in anderen Schlüsselmomenten des stürmischen Lebens Elisabeths ist der Wahrheit letzter Schluss vermutlich gar nicht zu ermitteln. Muss man das überhaupt? Wird man dieser Figur nicht gerechter, wenn man einfach feststellt, Elisabeth befand sich nach der schrecklichen Erschütterung durch den Verlust ihres irdischen Liebesglücks an der Schwelle eines neuen Lebens, und die Umstände des Verlassens der Wartburg, wie auch immer sie sein mochten, bildeten nur den »äußeren Rahmen« des inneren Geschehens in Elisabeth in dieser Umbruchsituation. Die ganze Umgebung auf der Wartburg musste sie ständig an ihre Ehe mit Ludwig erinnern – es war kaum zu ertragen. Zudem war die Haltung ihres Schwagers mit ihrer Lebensphilosophie und tätigen Religiosität auf keinen Fall vereinbar. Die Entscheidung, eine Zäsur in ihrem Leben zu setzen und von nun an Gott »ohne Wenn und Aber« zu dienen, war das Ergebnis leidvoller seelischer Arbeit. Da dürften anzunehmende Streitgespräche mit Heinrich Raspe nur der berühmte letzte Tropfen gewesen sein, der das Fass zum Überlaufen brachte, und das Verhalten des neuen Landgrafen mag die Trennung von dem alten Leben vielleicht sogar erleichtert haben. Was blieb, war die Liebe zu Gott, die Elisabeths Liebe zu ihrem Gatten und zu den Armen und Kranken umfasste. Nun konnte sie diese Liebe nicht mehr leben wie früher, und der Bruch der Lebensumstände war willkommen, wenn auch schmerzvoll. Maria Maresch gelang es, den Seelenzustand Elisabeths treffend zu erfassen: »Wenn sie weiterleben soll, wie es Gottes Gebot ist, muss sie ein neues Leben beginnen. Was ihr auch in der Ehe Kraftquelle gewesen war, die Liebe zu Gott, der Dienst der Armen und das Eintreten für höchste Gerechtigkeit in der Verteilung der Güter, das musste ihr einziges Lebensziel werden. Die Frau war zur Witwe geworden; die Witwe musste zur Büßerin, zur Kämpferin für soziale Gerechtigkeit und zu der von der Erde losgelösten Heiligen werden. [...] Ihr Weg führt von der Höhe der Wartburg zum Tal der Armen. Um weiterleben zu können, muss sie ihre äußeren und inneren Lebensformen ändern. Aus ihrem irdischen Unglück muss großer, überfließender Gottessegen werden« (Maresch, S. 93f.).

Übereinstimmend berichten die Quellen davon, dass Elisabeths Schwiegermutter Sophie, die ja früher, zu Lebzeiten Ludwigs, die Lebensweise Elisabeths oftmals skeptisch betrachtete, nun versuchte, auf ihre Söhne einzureden und ihre Enkel und die Schwiegertochter auf der Burg zu behalten. Ihre Fürsprache nützte aber nichts, und so fanden sich Elisabeth, ihre drei Kinder – eines davon ein wenige Monate alter Säugling – und zwei Zofen zu Fuß in der winterlichen Kälte auf den Straßen Eisenachs wieder. Einige Quellen sagen auch, dass die Kinder Elisabeth nachgeschickt wurden. Könnte es ein erpresserischer Versuch gewesen sein, sie zur Rückkehr auf die Wartburg und zum Gehorsam ihrem Schwager gegenüber zu zwingen? Es ist keine Notiz davon überliefert. Bekannt ist dagegen, dass der Landgraf unter den Bürgern der Stadt ein Verbot verhängte, Elisabeth Unterkunft und jedwede andere Hilfe zu gewähren.

86 Die Leute hielten sich daran, die Angst vor Bestrafung durch den Herrscher war stärker als das Mitleid mit der mildtätigen verwitweten Landgräfin, der viele ja auch direkt für ihre Hilfe zu Dank verpflichtet waren. Nun war sie aber *Persona non grata*. Schließlich fand sie für sich und ihre Kinder in der Scheune eines Gastwirts Zuflucht. Nach einer durchwachten Nacht hörte Elisabeth in der Franziskanerkirche das »Te Deum laudamus«, ging dahin und dankte Gott für die Prüfung, die er ihr auferlegt hatte.

Nun begann für Elisabeth und ihre Leidensgenossen ein Leben in äußerster Not, in Hunger und Erniedrigung. Wie wir wissen, gab Elisabeth als Landgräfin nicht nur Almosen und stiftete

Armenspitäler, sie verrichtete auch körperliche Arbeit, die den niederen Ständen vorbehalten war. Jedoch wurde sie sicherlich von den Menschen, denen sie half, »von unten nach oben«, bewundernd, bittend, dankbar, vielleicht zum Teil liebedienerisch, gierig und neidisch angesehen. Eine herzensgute, freigebige, etwas exzentrische Fürstin eben. Nun war sie selbst eine von den unzähligen Bettlern, die die Stadt bevölkerten und die ihre zuverlässige Wohltäterin eingebüßt hatten. Elisabeth wurde nun vor Augen geführt, wie sehr Armut und Elend, das Leben als sozialer Bodensatz den menschlichen Charakter entstellen und moralische Vorstellungen zunichte machen können. Es wird berichtet, dass Elisabeth eines Tages einer Bettlerin begegnete, der sie einst geholfen hatte. Der trockene Pfad mitten im Straßenkot war schmal, die Bettlerin wollte nicht weichen, packte Elisabeth mit beiden Händen und stieß sie in den Dreck. Wenn du uns als Mildtäterin nicht mehr helfen kannst und vorgibst, eine von uns zu sein, so sei es richtig, dass du im Schmutz liegst, da ist unser und dein Platz – so mag der Gedankengang der Bettlerin gewesen sein. Elisabeth musste lernen, in solchen Enttäuschungen Gottes Gnade zu sehen, sich darüber zu freuen und auch dieses hässliche Antlitz der Menschheit zu lieben. Manchmal gelang es ihr gut, wie nach dem beschriebenen Vorfall mit der Bettlerin: Elisabeth erhob sich aus dem Dreck, lächelte unbeschwert und machte ihre verunreinigten Kleider im nahe gelegenen Bach sauber, ihre verletzte Seele wusch sie aber im Blute des unschuldigen Lammes, fügt Dietrich hinzu. Es ging nicht immer so gut; Elisabeth erlebte auch Anfechtungen: Zustände der Gottesverlassenheit, Zweifel an der Richtigkeit ihres Tuns. Aber gerade die Überwindung der Zweifel, Zuversicht und Vertrauen in eigene Prinzipien machen die Größe einer Persönlichkeit aus.

Aber auch Trost in mystischen Erlebnissen wurde Elisabeth für ihre Leiden zuteil. Eine mystische Erfahrung oder ein Gnadenerlebnis kann man vereinfacht als einen Akt der Erkenntnis, der Schauung Gottes, als die Vereinigung der entrückten Seele eines lebenden Menschen mit dem Göttlichen definieren. Solche

Erfahrungen können nach den Aussagen der religiösen Schriften in Form von Visionen oder Auditionen auftreten, das heißt, die begnadete Person kann das Göttliche mit ihren »inneren Augen« wahrnehmen oder eine direkte Ansprache durch die Stimme Gottes, eines Engels oder eines Heiligen vernehmen. Der Wunsch, das mystische Erlebnis mitzuteilen und so andere der eigenen Glückseligkeit teilhaftig werden zu lassen, einerseits und die Unsagbarkeit des mystischen Ereignisses andererseits bilden die fruchtbare Diskrepanz, aus der eine ganze Gattung der geistlichen Literatur – die so genannte erlebnismystische Literatur – entstand. Im Hochmittelalter erreichten speziell die Texte der weiblichen Mystik eine Blüte. Die Texte über Elisabeth von Thüringen reihen sich mit ihren Beschreibungen der Gnadenerlebnisse in die Galerie der prominenten frauenmystischen Werke über Maria von Oignies, Elisabeth von Schönau, Mechthild von Magdeburg, Gertrud von Helfta, Mechthild von Hackeborn, Elisabeth von Oye, Christine Ebner und andere ein. Davon zeugt die folgende Szene, die von Elisabeths Zofe Isentrud geschildert wird. Nach einem lange andauernden Zustand der Entrückung, in dem Elisabeth mit mal geschlossenen, mal offenen, aber nichts sehenden Augen da lag und glückselig lächelte, sagte sie endlich: »Herr, so also willst du bei mir sein, und ich will bei dir sein, und niemals will ich von dir getrennt werden.« Das liest sich fast wie eine Paraphrase des Hoheliedes: »Mein Freund ist mein, und ich bin sein« (Hld 2,16). Isentrud, die Elisabeth von allen Dienerinnen am nächsten stand, bat sie inständig zu enthüllen, mit wem sie gesprochen habe. Elisabeth sträubte sich zuerst, doch dann gab sie den Bitten ihrer Zofe nach und sagte: »Ich sah den Himmel offen und ihn, meinen lieben Herrn Jesus, wie er sich mir zuneigte und Trost spendete in den verschiedenen Ängsten und Betrübnissen, die mich bedrückten. Und solange ich ihn sah, war ich froh und lachte; wenn er aber sein Antlitz abwandte, als ob er weggehen wollte, weinte ich. Dann erbarmte er sich meiner, blickte mich wieder überaus milde an und sprach: ›Wenn du bei mir sein willst, will ich bei dir sein.‹ Ich gab die [vorgenannte] Antwort.«

Isentrud drang in sie, über weitere Gnadenerlebnisse zu berichten, Elisabeth verschloss sich aber den weiteren Nachfragen: »Was ich da gesehen habe, das mitzuteilen geht nicht an; aber wisse: Ich habe eine große Wonne erlebt und wunderbare göttliche Geheimnisse gesehen.« (*Libellus*, S. 85 f.) Hier kommt das in menschlichen Worten Unfassbare des mystischen Erlebnisses zum Ausdruck. Auffallend ähnlich liest sich die Offenbarung der Dominikanerin Adelheid Langmann, die etwa hundert Jahre nach Elisabeth geboren wurde und deren deutschsprachige »Vita« etwa 1375 entstand. Über das mystische Erlebnis wird hier in der ersten Person berichtet, obwohl der ganze Text sonst in der dritten verfasst ist: »[Ich sah den Herrn kommen] und er war so schön, dass, mochte ich auch so viel von seiner Schönheit gehört haben, er noch tausendmal schöner war; sein Antlitz leuchtete und strahlte ein Licht, das heller war als das Licht im Gemach, er ging mir entgegen und seine Schönheit durchdrang mein Herz und alle meine Glieder. […] Er sprach: ›Meine Geminnte!‹ Mit diesem Wort, das so süß aus seinem Mund kam, zog er meine arme, sündige Seele in seine Gottheit, so dass ich nichts mehr sagen kann von dieser Vision, außer dass ich genau weiß, dass sie begann, als man Komplet gesungen hatte, und bis zum nächsten Tag dauerte, als man Messe sang.«

89   In Elend und Demütigung sah sich Elisabeth ihrem Armutsideal und ihrem himmlischen Gemahl näher gekommen und durch Gnadenerlebnisse darin bestätigt. Kaum glaubte sich Elisabeth nun allein durch die Hand Gottes geführt, da griffen wieder menschliche Hände in ihr Schicksal ein.

Die alte Landgräfin Sophie schien sich mit dem von ihren Söhnen herbeigeführten Zustand Elisabeths und ihrer Kinder nicht abfinden zu wollen. Sie ließ die Äbtissin des Benediktinerinnenklosters Kitzingen, eine Tante Elisabeths mütterlicherseits, Mathilde, von der Not ihrer Nichte wissen. In den Augen dieser Aristokratin, die als einflussreiche und angesehene Geistliche im politischen Geschehen in Deutschland mitmischte, war das ein

Skandal ersten Ranges: Eine Königstochter und verwitwete Landgräfin, verwandt mit der *crème de la crème* des europäischen Hochadels, wurde ihrer Wittumsgüter beraubt und lebte nun als Tagelöhnerin und Bettlerin, zusammen mit dem unmündigen thüringischen Landgrafen, in einer dreckigen Hütte in Eisenach! Das fand auch Mathildes Bruder und Elisabeths Onkel, der Bamberger Bischof Ekbert, unerhört. So holten Gesandte der Äbtissin Elisabeth, ihre Kinder und die beiden Dienerinnen schnellstmöglich in Eisenach ab. Nach einem Aufenthalt in Kitzingen wurden sie nach Bamberg in die Obhut des Bischofs gegeben.

Elisabeth lebte abgeschieden im bischöflichen Palast, beschäftigte sich mit Andachtsübungen und unternahm Wallfahrten. Ihr Onkel ließ ihr diese Freiheit, hatte mit ihr aber Größeres vor. Als politisch engagierter Geistlicher und an günstigen dynastischen Verbindungen interessierter Hochadeliger war Ekbert auf dem besten Weg, die Heirat seiner Nichte mit dem gerade verwitweten Kaiser Friedrich II. zu arrangieren. Nach der Interessensbekundung seitens des Kaisers trat der Bischof an seine Nichte heran und legte ihr die Wiedervermählung nahe. Elisabeth aber lehnte ab, da sie ihr vor Konrad von Marburg abgelegtes Gelübde nicht brechen und auf ihr gerade begonnenes Leben nach dem Armutsideal nicht verzichten wollte und konnte. Ekbert gab nicht nach, da zog Elisabeth ein anderes Register und erklärte, sie würde sich die Nase abschneiden, um auf den Kaiser oder andere Freier abstoßend zu wirken, dann werde das Thema Heirat endgültig vom Tisch sein. Das Argument saß, Elisabeth ging wiederum als Siegerin aus der Diskussion mit denen hervor, die zwar »äußerlich« Macht über sie hatten, aber nicht über ihren Willen und ihre Überzeugungen. Dem Bischof fiel kein besserer Zug im Streit mit seiner widerspenstigen Nichte ein, als sie gegen ihren Willen auf die Burg Pottenstein zu bringen und dort so lange sitzen zu lassen, bis die anders Denkende sich besinnen und in die Heirat einwilligen würde. Es kam aber anders.

Wir greifen wieder auf die Darstellung des Kaplans Berthold zurück. Nach Beendigung des gescheiterten Kreuzzuges kehrten die Ritter Ludwigs an sein provisorisches Grab zurück, holten seine Überreste wieder heraus, sotten sie in Wasser, bis die Knochen weißer als Schnee wurden, legten die Gebeine in einen Schrein mit einem silbernen, mit Edelsteinen besetzten Kreuz, luden die traurige Last auf ein Maultier und führten ihren toten Fürsten zurück in die Heimat. In den Nächten machten sie Halt und stellten den Schrein in nahe gelegenen Kirchen auf.

Als die Prozession Bamberg erreichte, ging der Bischof selbst zu seiner Nichte und teilte ihr die Ankunft der Gebeine ihres geliebten Gemahls mit. Wieder erhob sich das große Weinen und Klagen des Volkes, es vermischte sich mit dem Singen der Mönche und dem Läuten der Glocken. Bemerkenswert erscheint die Wortwahl Bertholds, wenn er das »Wiedersehen« der Gatten beschreibt; er appelliert an rein »menschliche« Gefühle und Erfahrungen der Rezipienten: »Was sie [Elisabeth] an Liebe und Leid in ihrem Herzen empfing, das kann niemand wissen, allein der, der alle Herzen wohl kennt. Ich glaube, dass sich ihr Leid von Neuem entfacht hat: sie hat am ganzen Leib gezittert. […] Aber wie sehr sie in ihr Leid versunken sein mochte, gedachte sie gleichzeitig der Güte Gottes und sprach mit gefalteten Händen und mit gen Himmel gerichteten Augen **91** diese Worte: ›Herr, ich danke deiner Gnade und Barmherzigkeit, dass du mir, der armen Frau, meine große Begierde erfüllt hast und in meinem Trübsal gnädig getröstet, dass ich die zarten Gebeine meines allerliebsten Bruders und Freundes gesehen habe. Nur ihn allein habe ich über alle irdischen Dingen lieb gehabt, doch hasse ich es nicht, dass er sich geopfert hat und durch deinen Willen, um dem Heiligen Land zu helfen, im fremden Land sein Ende genommen hat. Herr, du weißt wohl, wenn es nach deinem heiligen göttlichen Willen sein mochte, wäre mir sein Leben und seine liebliche fröhliche Gegenwart und sein Angesicht lieber als alle Freude, Wonne, Ehre und Wollust dieser Welt; ich würde lieber alle meine Tage in Armut verbringen und betteln gehen, nur um sein freundliches Gesicht und seine Gestalt sehen zu können. Aber nun will ich, allerliebster Herr, deinem göttlichen Willen nicht widerstreben. Ich befehle ihn und auch mich deinem göttlichen Willen und ich will ihn nicht um ein kleines Haar wider deinen heiligen Willen wieder zum Leben erwecken‹« (Berthold, S. 64, 7–31). Mit diesen Worten verließ Elisabeth die Kirche und ging in den Garten, wo die Ritter den Schrein mit den Gebeinen gelassen hatten. Als die Ritter in den Garten kamen, fanden sie die Fürstin in ehrwürdiger Haltung der Trauer, Demut und Zucht; an ihr war keine Spur von Affekt und Verzweiflung zu entdecken.

Der Bischof wollte Elisabeth mit der Trauerprozession nicht ziehen lassen, ehe ihre Begleiter ihm gelobten, Elisabeths Erbrechte wiederherstellen zu lassen. Angesichts der traurigen Mission der Witwe, die Gebeine ihres Gemahls an seine Grabstätte zu geleiten, war die Fortsetzung der Heiratsdiskussion unangebracht, und das Thema wurde nie wieder aufgegriffen – der letzte Minnedienst Ludwigs.

Die Gebeine Ludwigs wurden in Begleitung Elisabeths nach Reinhardsbrunn gebracht und in Anwesenheit aller Familienangehörigen würdig bestattet. Danach kamen die getreuen Ritter Ludwigs zu Heinrich Raspe und drängten ihn mit bitteren Vorwürfen wegen seiner Untreue zur Herausgabe der Wittumsgüter an Elisabeth. Auch die Bemühungen des Bamberger Bischofs und Konrads von Marburg, der zu diesem Zeitpunkt als Seelsorger Elisabeths und ihr »Interessenvertreter« wieder in Erscheinung trat, sollen zur Wiederherstellung der Witwenrechte Elisabeths beigetragen haben.

Man schrieb mittlerweile das Jahr 1228. Elisabeth versöhnte sich zwar mit ihrem Schwager Heinrich Raspe und konnte wieder das Leben als Landgrafenwitwe in Ehren und Würden führen. Sie folgte aber unbeirrt ihrer Berufung als Dienerin der Armen und Gottes. So ging sie zum zweiten Mal, diesmal wirklich freiwillig, von der Wartburg fort, um nie wieder zurückzukehren. Berthold beschließt seinen Bericht über Elisabeth mit ihrem Bild als einer Märtyrerin, deren Martyrium in ihren letzten Lebensjahren in Demutsproben und dem Elend der

9_Elisabeth (rechts) und die heilige Klara von Assisi auf einem Fresko in der Nikolauskapelle von San Francesco (1295–1305)

10_Elisabeth wird mit ihren Kindern von der Wartburg vertrieben, Detail des Lübecker Elisabethzyklus, Museen für Kunst und Kulturgeschichte der Hansestadt Lübeck (um 1420)

11_Eine Bettlerin stößt Elisabeth ins Wasser, Detail des Lübecker Elisabethzyklus, Museen für Kunst und Kulturgeschichte der Hansestadt Lübeck (um 1420)

12_Elisabeth empfängt durch einen reitenden Boten den Ring des Landgrafen und die Nachricht von seinem Tod, Detail des Elisabeth-Schreins in der Elisabethkirche zu Marburg (begonnen um 1235)

Armut bestand. Interessanterweise erwähnt Berthold mit keinem Wort die Werke der Barmherzigkeit, die Elisabeth während ihres letzten Lebensabschnittes in Marburg vollbrachte.

Am Karfreitag 1228 entsagte Elisabeth vor Meister Konrad in der Kapelle der Minderbrüder in Eisenach ihren Familienmitgliedern, ihren Kindern, ihrem Willen, allem Glanz der Welt, jedoch – nach der ausdrücklichen Anweisung Konrads – nicht ihrem Besitz, und gelobte bedingungslose Nachfolge Christi. Elisabeths innigster Wunsch war es, auf ihr Witwenvermögen zu verzichten, um dem heiligen Franziskus in Armut nachzufolgen. Konrads Argument dagegen war, dass sie die ihr zustehenden Mittel für karitative Zwecke sowie zur Tilgung einiger Schulden ihres verstorbenen Ehegatten verwenden sollte. Auch verbot Konrad Elisabeth, in den Franziskanerorden einzutreten. Während das erste Verbot tatsächlich sinnvoll gewesen sein und der Lebenseinstellung und dem Gerechtigkeitsempfinden Elisabeths selbst entsprochen haben dürfte, so rührt das zweite zweifelsohne von der Angst Konrads her, die Macht über Elisabeth zu verlieren: Wenn sie den Schleier genommen hätte, müsste sie sich auch »organisatorisch« nur der Klosterregel des entsprechenden Ordens unterwerfen. Das konnte und wollte Konrad nicht zulassen, da er, durch den Papst selbst sanktioniert, nicht nur der Seelsorger, sondern auch so etwas wie ein Sachverwalter der »weltlichen« Angelegenheiten Elisabeths geworden war. Dietrich von Apolda führt eine Aussage Elisabeths in der Diskussion mit Konrad über den von ihr erwünschten Klostereintritt an, die unterschiedliche Interpretationen zulässt. Elisabeth offenbarte Konrad ihre Sehnsucht nach dem Leben in völliger Armut, als Schwester eines Bettelordens, die von Haus zu Haus zieht. Sie weinte bitter und flehte ihren Beichtvater an, es ihr zu erlauben. Konrad wurde zornig und verbot es ihr mit dem Argument, ein solcher Lebenswandel gebühre ihrem adeligen Stand nicht und sei mit ihrer zarten weiblichen Statur nicht vereinbar. Tatsächlich gab es sehr wohl männliche Vertreter des Franziskanerordens, die einem Konvent angehörten, aber bettelnd und predigend durchs Land zogen, nicht aber Frauen. Den

93

weiblichen Ordensmitgliedern wurde unter dem gleichen Vorwand ihrer Schwäche und Schutzlosigkeit vom Wanderleben abgeraten und die Klausur vorgeschrieben. Nun sieht Elisabeth, dass Konrad sich nicht erweichen lässt, und sagt: »Das will ich vornehmen und angehen, in welchem du mir widersprechen und wovon du mich abhalten magst, mein Vater« (Cronica, S. 36r). Bedeutet dieser etwas umständliche Satz, dass Elisabeth dem Verbot ihres Seelsorgers demütig Folge leisten will? Sie sah tatsächlich vom Eintritt in einen Orden ab, trat ihr Wittum an und investierte ihr Vermögen hauptsächlich in die Gründung eines Spitals in Marburg und in die Tilgung der Schulden ihres verstorbenen Mannes. Aber auch eine andere Lesart ist möglich: Elisabeth bekundet ihre Absicht, das durchzusetzen, was ihr Konrad verbieten mag, aber was sie doch für die Nachfolge Christi hält, nur in anderer Form. Wir werden sehen, dass Elisabeth in ihren letzten Lebensjahren wenn auch nicht als Bettlerin lebte, so doch öfter der Vorstellung Konrads von dem ihr gebührenden Leben nicht entsprach. Elisabeth empfing demütig und frohen Mutes härteste Züchtigungen und Tadel ihres Beichtvaters, der sie für ihre »Vergehen« bestrafte, und umging seine Verbote.

Auf dem Weg zur Heiligkeit

Ein Ketzermeister als Beichtvater

Meister Konrad von Marburg spielte, besonders seit der kurzzeitigen Rückkehr Elisabeths auf die Wartburg nach der Bestattung der Gebeine Ludwigs, eine große Rolle im alltäglichen, »äußeren« wie auch im geistig-geistlichen Leben Elisabeths. Das Verhältnis zwischen dem engagierten Ketzermeister als Seelsorger und seiner Schutzbefohlenen ist für Menschen der Moderne nur schwer nachvollziehbar. Konrad, der Elisabeth offenbar nie mit einem Trostwort oder Lob, sondern nur mit strenger Mahnung und strafender Rute begegnete, arbeitete außerhalb ihrer Reichweite vermutlich schon zu ihren Lebzeiten an ihrem Ruf als heilige Person. Wie soll man sonst die Tatsache erklären, dass Papst Gregor IX. über die Frömmigkeit Elisabeths und über die prekäre Situation nach dem Tod ihres Gemahls bestens informiert war? Zum einen trug er kraft seines Amtes Meister Konrad auf, nicht nur die geistliche Führung, sondern auch die Rolle als Rechtsbeistand der verwitweten Landgräfin zu übernehmen, zum anderen soll der Papst persönlich einen Brief an Elisabeth verfasst haben, in dem er sie zur Weiterführung ihres keuschen, frommen Lebens und ihrer Demutsübungen ermunterte. So muss man annehmen, dass Konrad einen guten Draht »nach oben« hatte und frühzeitig versuchte, Elisabeth als eine »neue Heilige« zu propagieren. Dennoch bleibt an Konrad und an seinem Verhältnis zu Elisabeth vieles rätselhaft. Versuchen wir das Wenige, was über seine Person bekannt ist – über das hinaus, was bereits in der Einleitung über seine Tätigkeit als Inquisitor berichtet wurde – zusammenzutragen und verwirrende Informationen über die geistige Verbindung zwischen ihm und Elisabeth etwas zu ordnen.

Die Frage nach der Herkunft Konrads und seiner vorhandenen oder nicht vorhandenen Ordenszugehörigkeit muss mangels Quellen unbeantwortet bleiben. Er muss studiert und beim Heiligen Stuhl ein hohes Ansehen erworben haben, sonst wäre er nicht mit der Aufgabe eines Kreuzzugpredigers betraut worden.

In den päpstlichen Briefen wird er stets *magister* oder *praedicator* genannt. So wird in einem Schreiben des Papstes Innozenz III. von 1216 erwähnt, dass Konrad, der frühere Bischof von Halberstadt, Johannes *Scholasticus* und »unser« Magister Konrad von Marburg nach Deutschland geschickt worden seien, um »das Wort des Kreuzes zu predigen«. Er tritt urkundlich erst richtig in Erscheinung, als er am Thüringer Landgrafenhof die Position eines Beraters des Landgrafen und des Beichtvaters von Elisabeth erreicht.

1227 übertrug Ludwig mit Zustimmung Papst Gregors IX. Konrad das Recht zur Verleihung der kirchlichen Pfründe in seinem Land. Jedoch scheint dieses Recht nur für die Zeit des geplanten Kreuzzuges gewährt gewesen zu sein. Im gleichen Brief, in dem der Papst der Gewährung der Vergaberechts zustimmt und Konrad vor Ludwig lobt, erwähnt er zum ersten Mal, dass er es gerne sähe, wenn sich Konrad der Ausrottung der Häresie in Deutschland annähme. In einer weiteren päpstlichen Bulle wird Konrad dann zum »Visitator« der deutschen Klöster und des geistlichen Lebens überhaupt ernannt. Die Tatsache, dass der Papst meistens Dominikaner mit der Ketzerbekämpfung betraute, könnte für die Zugehörigkeit Konrads zum Predigerorden sprechen. Andererseits fällt auf, dass er Elisabeth in ihrer bevorzugten Förderung der Franziskaner stets unterstützte. Diese Indizien reichen aber noch nicht aus, ihn mit Sicherheit den Dominikanern oder den Minoriten zuzurechnen. In der historischen Literatur figuriert Konrad meist als Weltpriester.

Seit 1231, dem Todesjahr Elisabeths, wird Konrad immer häufiger in seiner Funktion als Inquisitor erwähnt. Er zog mit seinen beiden Gefährten, dem dominikanischen Laienbruder Gerhard und einer Gestalt unbekannter Herkunft und Identität, dem einäugigen und einarmigen Johannes, predigend und auf der Suche nach neuen »Ketzernestern« durchs Land. Auf dem Höhepunkt seines grausamen »Ruhmes« als Ketzermeister war er überzeugt, dass alle Stände vom Bettler und armen Bauern bis hin zu den Edelleuten seinem Urteil gleichermaßen ausgeliefert seien und sich ihm als »Sprachrohr Gottes« beugen müssten. Wie wir wissen, war das sein verhängnisvoller Fehler, der ihm das Leben kostete. Zwar rief der Papst nach der Ermordung Konrads die deutschen Priester auf, die Häresiebekämpfung weiterzutreiben und den Mord nicht ohne Konsequenzen zu lassen, doch fielen diese Konsequenzen nicht besonders grausam aus. 1234 fand in Frankfurt ein Konvent statt, der den Grafen von Sayn und andere fälschlicherweise der Ketzerei Beschuldigte freisprach. Die Mörder Konrads, die keinen Hehl aus ihrer Tat machten, wurden exkommuniziert. Als Buße wurden ihnen eine persönliche Vorsprache beim Papst in Rom, eine Wallfahrt zum Schutz des Heiligen Landes und einige Bußübungen auferlegt. Grausam kann diese Strafe nicht genannt werden. Ob die selbstbewussten adeligen Mörder Konrads diesen Bußverpflichtungen nachgekommen sind, ist nicht überliefert. Obwohl der Papst die deutschen Priester aufrief, die Ketzerverfolgung aufrecht zu erhalten, zeigten diese offensichtlich nicht einmal einen Bruchteil des Eifers Konrads, so dass es schnell zum Abflauen der gesamten Ketzereiverfolgung in Deutschland kam. So verschwindet die Spur des einst gefürchteten Ketzermeisters im Schatten des Misserfolgs und der Missachtung.

99 Konrad ist in seiner Funktion als Ketzermeister letzten Endes gescheitert. War seine Arbeit an der Persönlichkeit Elisabeths, um aus ihr eine Heilige zu »formen«, eine Erfolgsgeschichte? Immerhin hat Konrad nach dem Tod Elisabeths die Einleitung eines Heiligsprechungsverfahrens herbeigeführt. Jedoch hatte er damit offensichtlich kein herausragendes Ergebnis erzielt: Die Anhörung der Zeugen fand zwar statt, die Wunderberichte wurden aber als »leichtgläubig« eingestuft, und man ließ das Verfahren ruhen. 1233 starb dann der Magister eines unnatürlichen Todes, ohne die Heiligsprechung seiner Beichttochter erlebt zu haben. Erst nach dem Eingreifen Konrads von Thüringen, Elisabeths Schwager und Neumitglied des Deutschen Ordens, wurde der Prozess der Heiligsprechung zum erfolgreichen Abschluss gebracht. Spielte Meister Konrad dann eine entscheidende Rolle im geistigen Werdegang Elisabeths, in ihrem Aufstieg zur Heiligkeit? Hier scheiden sich die Geister. Die mittelalterlichen Quellen bleiben eher neutral: Sie loben Konrad floskelhaft als vorbildlichen Geistlichen und berichten von den grausamen Züchtigungen Elisabeths durch ihren Beichtvater als von etwas Selbstverständlichem. Der unsanfte Umgang mit dem Körper war tatsächlich nichts Besonderes im Mittelalter. Andererseits wird Konrad keinesfalls die entscheidende Rolle im Aufstieg Elisabeths zur geistigen Vollkommenheit beigemessen. Konrads Bemühungen, Elisabeths Willen zu brechen, werden als notwendiges Beiwerk ihres Werdegangs als Heilige gesehen – nicht mehr und nicht weniger.

Die Sekundärliteratur der späteren Jahrhunderte teilt sich in »katholisch geprägte«, »protestantisch geprägte« und »psychologisierende«. Erstere bemüht sich um ein durchweg positives Bild Konrads, denn der Gehorsam dem Beichtvater gegenüber sei an sich eine besonders gottgefällige Eigenschaft, und es sei von Gott vorgezeichnet gewesen, dass Konrad Elisabeth mit seinen harten Demutsübungen auf dem Weg zur Heiligkeit half. So stellen es beispielsweise Graf de Montalembert 1836 oder Alban Stolz Mitte des 19. Jahrhunderts dar.

Der protestantische Pfarrer Gustav Simon versucht in seiner Monografie, ebenfalls aus der Mitte des 19. Jahrhunderts, die Ambivalenz der Figur Meister Konrads aufzuzeigen und seinem Charakter gerecht zu werden: »Uneigennützig und einfach in seiner Lebensweise, können ihm selbst seine Gegner das Zeugnis eines sittenreinen Wandels nicht versagen. Dabei war er jedoch ein blinder Eiferer für die Kirche, für ihre Bußübungen und ihre mönchische Ascese, eine herrschsüchtige, leidenschaftliche und zu gewalttätigem Handeln aufgelegte Natur« (Simon, S. 129 f.). Einerseits weist Simon darauf hin, dass Konrads Förderung der Demut seines Beichtkindes oft in Misshandlungen ausartete, andererseits rechtfertigt er sein hartes Vorgehen damit, dass es schließlich der Wille Elisabeths selbst war, harte Askese zu üben, und Konrad sie nur auf diesem Wege geleitet habe. Schließlich nimmt Simon Konrad die persönliche Schuld an seinen

Misshandlungen Elisabeths ab: Sein Fehler sei der Fehler der katholischen Kirche allgemein gewesen, die sich als alleinige Instanz zur Herstellung der Gemeinschaft zwischen Gott und den Gläubigen präsentiert und dies auch mit Gewalt durchzusetzen versucht.

In der Forschungsliteratur wie auch in historischen Romanen, die durch die Erkenntnisse der im 20. Jahrhundert aufkommenden Psychoanalyse geprägt sind, entsteht das erschreckende Bild einer beinahe sadomasochistischen Verbindung zwischen dem Beichtvater und der Beichttochter vor dem verhüllten Hintergrund einer unerfüllten Sexualität. Konrad erscheint als ein sadistischer Fanatiker, der ins Kraftfeld der Ausstrahlung der Persönlichkeit Elisabeths, ihrer tiefsten und »kindischen« Religiosität gerät, von ihr wie besessen ist und durch den unmenschlichen, tyrannischen Umgang mit ihr eigene Abhängigkeit und Bewunderung zu vernichten oder wenigstens unter Kontrolle zu bringen versucht. Elisabeth selbst wird dabei nicht als starke, reife Persönlichkeit dargestellt, sondern als eine, die wegen der frühen Trennung von Heimat und Familie Neurosen entwickelt hat und nach Halt in ihrem Glauben und nach Autoritäten unter den Menschen sucht. Die zwanghafte Abhängigkeit von Meister Konrad sei die Folge ihres Vaterkomplexes.

101 Einen rein sexuellen Hintergrund der Beziehung zwischen dem Beichtvater und seiner geistigen Tochter vermuteten im Übrigen nicht erst die Psychoanalytiker. Befragt man die mittelalterlichen Texte, stellt sich heraus, dass die Gerüchte von einem »fleischlichen« Verhältnis Konrads und der Landgrafenwitwe während der »Marburger Zeit« Elisabeths hartnäckig im ganzen Land kursierten, gewissermaßen parallel zu dem sich verbreitenden Ruhm Elisabeths als Auserwählte Gottes und Heilige. Es wird berichtet, dass Elisabeths und Ludwigs altem Getreuen, dem Schenken von Vargula, das Gerede vom ungehörigen Verhältnis zu Ohren kam und dass er sich nach Marburg begab, um seine Herrin zu warnen und im vertraulichen Gespräch zu fragen, ob das Gerücht irgendeinen Bezug zur Realität hatte. Elisabeth zeigte daraufhin dem Grafen blutige Striemen auf ihren

Schultern und sagte, die »Liebe« und »Zärtlichkeit« ihres Beicht- und Zuchtmeisters seien von »solcher Art«. Abschließend dankte Elisabeth Gott für diese neue Prüfung und betete nur darum, dass ihr ruinierter Ruf ihren Kindern nicht schaden möge.

Was kann man aus dem Ganzen lernen? Wahrscheinlich, dass die Wahrheit wie immer irgendwo in der Mitte liegt. Man kann annehmen, dass Konrad tatsächlich in den geistigen Bann Elisabeths geriet und auf seine dem neuzeitlichen Leser befremdlich vorkommende Weise gewissermaßen Elisabeth als ein »Hilfsmittel« auf ihrem Weg zur Vollkommenheit diente. Dass Konrad Elisabeth entsprechend ihrem eigenen, wenn auch nicht explizit geäußerten Verlangen unsägliche Bußübungen auferlegte und ihre Demut immer aufs Neue auf die Probe stellte, um sie zur »perfekten Heiligen« zu machen. Dass Elisabeth vielleicht diesen strengen, mal gemeinen, mal jähzornigen, mal kalten und unerbittlichen Beichtvater und nicht einen verständnisvollen, gütigen von der Art des Franz von Assisi brauchte, als eine große, dauerhafte Geduld- und Demuts- übung, um ihre eigene Vorstellung vom Gott gefälligen Leben und der geistigen Perfektion zu erfüllen. Der *Libellus* führt eine Äußerung Elisabeths an, die die Bewertung Konrads als ein »Werkzeug« zur Selbsterziehung bestätigt: »Das Leben der Schwestern in der Welt [Beginen, Hospitalschwestern] ist sehr verachtet; aber wenn es einen noch verachteteren Lebensstand gäbe, hätte ich ihn gewählt. Ich

hätte allerdings irgendeinem reichen Bischof oder Abt Gehorsam geloben können; ich glaube aber besser zu handeln, wenn ich dem Magister Konrad dieses Gelübde ablegte, weil dieser bettelarm ist. So hatte ich in diesem Leben keine äußere Hilfe zu erwarten« (Libellus, S. 101). Hier spricht keinesfalls eine Eingeschüchterte, auf die Person ihres geistigen Führers Fixierte und Abhängige, sondern eine selbstbewusste Herrscherin und Herrin ihrer selbst, die auch die prominentesten Amtspersonen der Kirche zu ihren Beichtvätern machen könnte, jedoch dafür einen bettelarmen Geistlichen auserkor, um den Bruch mit dem eigenen sozialen Stand radikal zu vollziehen.

Man sollte sich also nicht allzu sehr der Bemühung hingeben, zwischen den Zeilen zu lesen. Was man aber in den Quellentexten nicht überlesen sollte, sind Zeugnisse der Kraft Elisabeths, unter allen

Umständen sie selbst zu bleiben, ihrer selbstbewussten Haltung auch angesichts der schlimmsten Erniedrigungen oder Verunsicherungsversuche. Hier nur einige Beispiele: Meister Konrad sah nicht gern, dass Elisabeth immer wieder Aussätzige – besonders Kinder – in ihr Haus brachte und sie pflegte, da er eine Ansteckung befürchtete. Er bestrafte sie hart dafür und ließ die Kranken wegschaffen. Nach einiger Zeit erschienen sie aber wieder in Elisabeths Haus. Eines Tages entdeckte Konrad einen neuen verunstalteten Kranken, der mit Elisabeth an einem Tisch aß, und war wieder im Begriff, sie dafür zu züchtigen. Darauf sagte sie: »Es muss von Not sein, dass Widerstand mit Widerstande gebüßt und vertrieben werde« (Cronica, 38r.). Ist es eine verdeckte Kampfansage in der Art: Du akzeptierst mein Tun, und ich akzeptiere deine Gründe, mich dafür zu bestrafen? Der letzte Zug in diesem »Krieg« blieb jedenfalls Elisabeth vorbehalten: An ihrem Sterbelager saß ein mit Krätze befallener Junge, den sie zuletzt bei sich aufnahm, den sie pflegte und liebkoste.

Meister Konrad ließ Elisabeth ins Kloster Altenberg kommen, um mit ihr zu überlegen, ob sie nicht Reklusin werden sollte. Die Nonnen wünschten sich, Elisabeth zu sehen, und baten Konrad für sie um Erlaubnis, die Klausur zu betreten. Konrad erwiderte, dass Elisabeth das tun könne, wenn sie wolle, und stellte ihr damit die gemeinste Falle: Im Glauben, sie habe seine Erlaubnis, betrat Elisabeth den Klausurbereich, was unter weltlichen Menschen mit der Exkommunizierung geahndet wurde. Daraufhin ließ Konrad seinen Gehilfen Gerhard Elisabeth und ihre Begleiterin Irmgart mit einer Rute hart bestrafen, er selbst sang dazu den Bußpsalm *Miserere*. Danach tröstete Elisabeth ihre Leidensgenossin und lehrte sie, dem körperlichen Schmerz und der Demütigung mit freudigem Mut zu begegnen. Sie verglich die Gezüchtigten mit Schilf, der sich der Überflutung beugt, doch wenn das Wasser abschwillt, strecken sich die Pflanzen wieder in die Höhe, als wäre nichts geschehen (Libellus, S. 102). Elisabeth bereute mit keinem Wort ihr von Konrad provoziertes »Vergehen«, sie sah also in ihm nicht den strengen Lehrer, der seinen Zöglingen eine gerechte Strafe erteilt, sondern lediglich ein »Werkzeug«, eine blinde Gewalt, die durch ihre Wirkung der Seele zur Verklärung und Vollkommenheit verhilft.

Einige Tage vor ihrem Tod besuchte die noch gesunde Elisabeth den schwer erkrankten Konrad an seinem Bett. Er fragte sie, was sie zu tun gedenke, wenn er sterbe. Die Absicht Konrads war wahrscheinlich, eine Demutsszene herbeizuführen, in der sich die angesichts des möglichen Verlustes ihres geistigen Führers verängstigte Beichttochter ehrfürchtig vor seinem Sterbelager verbeugt. Stattdessen bekam er die Antwort einer selbstsicheren und ruhigen Prophetin, die mit ihrem inneren Auge bereits die für sie eröffnete Himmelpforte erblickte: Elisabeth ging mit keinem Wort auf Konrads eventuelles Ableben ein und sagte mit Gewissheit ihren baldigen eigenen Tod voraus. Ihr wurde zuvor in einer Audition verkündet, dass sie »einen Lohn für ihre Mühsal, Armut, Elend und Widerstand [gemeint sind wohl die Demutsübungen unter »Anleitung« von Meister Konrad] empfangen wird, die sie durch Gott auf sich genommen hatte«, und dass sie in das »Tabernakel der ewigen Seligkeit kommen wird, das von Anbeginn für sie bereit war« (Cronica, 48r).

Dienerin und Auserwählte Gottes: Elisabeths letzte Jahre

Nachdem Elisabeth am Karfreitag 1228 Keuschheit, Gehorsam und Verzicht auf alles Irdische in die Hand Meister Konrads gelobt hatte, nahm sie die graue Tracht einer Hospitalschwester – oder einer *soror in saeculo*, »Schwester in der Welt« – und ließ sich in ihrem Witwensitz Marburg nieder. Hier gründete sie das erste franziskanische Hospital nördlich der Alpen und arbeitete dort zusammen mit anderen Schwestern, fernab von ihrer hochadeligen Verwandtschaft und vom höfischen Leben, getrennt auch von ihren Kindern und von ihren treuen Dienerinnen und Freundinnen Guta und Isentrud, sich ganz dem Dienst an den Armen, dem Gehorsam und der Kontemplation hingebend.

Die ausführlichste Auskunft über diese letzten Lebensjahre Elisabeths gibt der *Libellus*. In Marburg angekommen, fand Elisabeth zunächst keine angemessene Behausung, so dass sie mit einem halb verfallenen Hofgebäude vorlieb nehmen musste. Sie hauste dort in einem Raum mit ihrem Gesinde, dem lästigen Rauch der offenen Kochstelle, dem Wind und sengender Sonne ausgesetzt, bis ihr endlich ein bescheidenes Haus gebaut wurde.

Ihr Wittum in Höhe von zweitausend Mark und auch die Reste ihrer Mitgift, die sie aus Ungarn als Kind mitgebracht hatte, gab sie für die Einrichtung des Hospitals und als Almosen aus, so dass sie selbst wie eine Magd arbeiten und sich mit dem Dürftigsten zufrieden geben musste. Und das tat sie mit hellster Freude, denn ihr Wunsch nach Armut ging in Erfüllung. Auch wenn sie nicht als Bettlerin durchs Land ziehen konnte, so durfte sie doch den »mindesten Brüdern Gottes« dienen und wie sie leben. Diese Verachtung des Besitzes und des weltlichen Glanzes rief immer noch die Befremdung und den Hass ihrer Verwandtschaft hervor, bezeugen Guta und Isentrud; ihr wurde sogar vorgeworfen, ihren Mann allzu schnell vergessen zu haben, weil man ihre Freude am zurückgezogenen Leben unter Armen naturgemäß missverstand.

Auf ihrem entschieden beschrittenen Weg zur geistigen Vollkommenheit, fort von allem Irdischen, stand Elisabeth vor der nächsten schweren Probe: Sie musste sich von den wenigen Menschen endgültig lösen, die ihr besonders lieb waren – von ihren Kindern und ihren beiden Vertrauten und Dienerinnen. Das forderte auch ihr Beichtvater. Während die Trennung von den Dienerinnen sowohl in den mittelalterlichen Quellentexten als auch in der späteren Elisabeth-Literatur als eine Gräueltat des hartherzigen Konrads dargestellt wird, der alles konsequent entfernen wollte, was die angehende Heilige von Gott »ablenkte«, wird der Verzicht Elisabeths auf jeden Kontakt zu ihren Kindern in der neueren biografischen Literatur zumindest mit einem Unterton des Unbehagens über das Verhalten Elisabeths dargestellt. Nicht genug, dass sie in ihrer Not nach dem Tod

Ludwigs und dem Verlassen der Wartburg die beiden älteren Kinder an ferne Orte zur Erziehung schickte, sie trennte sich auch von ihrer jüngsten, gerade anderthalbjährigen Tochter Gertrud und schickte sie schon so früh ins Kloster Altenberg, dem sie ja geweiht war. Die heilige Elisabeth als Rabenmutter? Lassen wir sie selbst reden (nach dem Zeugnis ihrer Dienerinnen): »Der Herr hat mein Bitten erhört, denn siehe, allen weltlichen Besitz, der mir einst lieb war, erachte ich jetzt für Unrat (Phil 3,8). Ebenso sorge ich für meine Kinder – dafür ist mir Gott Zeuge – wie für jeden anderen Nächsten: Ich habe sie Gott anempfohlen; er möge an ihnen tun nach seinem Wohlgefallen! Auch habe ich Freude an Verleumdungen, Beleidigungen und Geringschätzung meiner Person. Ich liebe nichts als Gott ganz allein« (Libellus, S. 90). Hier sieht man, dass sich Elisabeth sehr wohl ihrer Verantwortung für ihre Kinder bewusst war und durch die Liebe zu ihnen bewegt wurde, nur erreichte sie eine solche Stufe in ihrem umfassenden Glauben, dass sie Gott sozusagen für einen besseren Beschützer ihrer Kinder hielt als sich selbst und deshalb ihr Schicksal vertrauensvoll in seine Hände legte. Auch hat sie die Fähigkeit entwickelt, alle Menschen wie ihre eigenen leiblichen Kinder zu lieben: Nicht das eigene Fleisch und Blut wird herabgesetzt und verstoßen, sondern alle Nächsten werden in den Status der geliebten Kinder erhoben.

106 Außer dem religiös-moralischen hat der Verzicht Elisabeths auf ihre Kinder auch einen rein historischen und mentalitätshistorischen Aspekt. Eine frühe Trennung von den Eltern und von der gewohnten Umgebung war, zumal für die Kinder des Hochadels, eine Selbstverständlichkeit, und das nicht nur im Mittelalter. Hinzu kommen eine niedrige Lebenserwartung und zahlreiche Kriege, so dass ohnehin relativ wenige Eltern das Erwachsensein ihrer Kinder erleben konnten. Wäre Ludwig am Leben geblieben und Elisabeth nicht zur Marburger Hospitalschwester geworden, hätte es trotzdem nichts daran geändert, dass der Erstgeborene Hermann an europäischen Herrscherhöfen zum Landgrafen erzogen wurde und die Tochter Sophie früh für eine die Dynastie sichernde Ehe und für eine dementsprechende Erziehung in der Fremde vorgesehen war; die jüngste Gertrud wurde ja bereits vor ihrer Geburt von den Eltern für ein Kloster bestimmt.

Nachdem Elisabeth sich auch von ihrem jüngsten Kind gelöst hatte, schickte Meister Konrad die Kindheitsfreundin Elisabeths, Guta, und die Zofe Isentrud fort, woran seine Beichttochter schwer zu tragen hatte, da sie die Frauen sehr liebte und sie ihre einzigen Vertrauten waren. Statt ihrer bekam Elisabeth zwei strenge und gemeine Dienerinnen: eine Magd namens Elisabeth und eine Ordensfrau Irmgard – eine Franziskanerin, wenn man das Zeugnis des *Libellus* interpretiert, sie habe das graue Kleid getragen –, welche nach Aussage der beiden verstoßenen Dienerinnen ihre Herrin dauernd schikanierten und ihren angeblichen Ungehorsam Meister Konrad anzeigten. Dieser Ungehorsam bestand vor allem in der Missachtung des Verbotes, reiche Almosen zu geben und Leute mit ansteckenden Krankheiten zu pflegen. Elisabeth aß immer mit ihren Dienerinnen zusammen und kochte für sie, obwohl sie weder kochen konnte noch alle nötigen Zutaten hatte. Auch konnte sie sich nicht auf das Kochen konzentrieren, weil sie ständig in ihr Gebet versunken war, so schmeckten ihre Speisen wässrig oder angebrannt. Die Dienerinnen taten ihren Unmut darüber kund, was Elisabeth stets mit Demut hinnahm, genauso wie sie mit Freude Schläge und Ohrfeigen ihres Zuchtmeisters empfing, denn sie dachte an ihr Vorbild Christus, der auch erniedrigt und geschlagen wurde.

Während Elisabeth in den oben angeführten Szenen die Nachfolgerin des leidenden Christus ist, tritt sie in der folgenden Episode als selbstbewusste »Stellvertreterin« Jesu auf. Sie wollte einen großen Betrag (fünfhundert Mark) auf einmal unter den Armen verteilen und befahl dem versammelten Volk, sich zu setzen, damit sie gegürtet umhergehen und die Bedürftigen ohne Störung bedienen konnte. Im Lukas-Evangelium heißt es: »Wahrlich, ich sage euch: Er wird sich aufschürzen und wird sie zu Tisch setzen und zu ihnen treten und ihnen dienen« (Lk 12,37).

Die sonst demütige und milde Elisabeth kann in den Berichten über ihre letzten Jahre auch recht hart und nach unserem

Geschmack sogar ungerecht erscheinen. Bei der oben beschriebenen Almosenverteilung ordnete Elisabeth an, dass keiner der Bedürftigen seinen Platz verlassen durfte, um wiederholten Spendenempfang und Unordnung zu vermeiden, sonst drohte ihm eine teilweise Haarabschneidung zur Beschämung des Schuldigen. Plötzlich kam ein junges Mädchen namens Hildegund mit einer außergewöhnlich schönen Haartracht hinzu, die kein Almosen erhalten, sondern lediglich jemanden besuchen wollte, so wusste sie nichts von der Anordnung Elisabeths. Sie wurde irrtümlicherweise aufgegriffen, und Elisabeth ließ ihr sofort die Haare abschneiden. Als man Elisabeth später über das dem Mädchen getane Unrecht aufklärte, sagte sie: »Wenigstens wird sie in Zukunft mit ihrem jetzigen Haar nicht sehr oft zum Tanzen gehen!«, und ließ Hildegund zu sich rufen. Elisabeth fragte das Mädchen, ob sie nie daran gedacht habe, ein vollkommeneres Leben zu führen. Hildegund gab zu, dass sie schon längst Gott im Ordensgewand gedient hätte, aber ihr schönes Haar hinderte sie daran – es wäre viel zu schade, um unter dem Schleier verborgen zu bleiben. Dann sagte Elisabeth zu ihr: »Da ist es mir lieber, du hast deine Haare verloren, als wenn mein Sohn Kaiser geworden wäre!« (Libellus, S. 95). Elisabeth freute sich, dass sie, wenn auch durch ein Missverständnis, dem Mädchen den Übergang zum Leben als Schwester erleichtert hatte und ihr so auf den Weg zur Vollkommenheit verhalf. Das Seelenheil des fremden Mädchens ist für Elisabeth wichtiger als der weltliche Ruhm ihres leiblichen Sohnes. Der *Libellus* spricht weiter davon, dass Hildegund tatsächlich im Hospital Elisabeths als Schwester aufgenommen wurde und lange nach deren Tod dort noch immer diente.

Diese Almosenverteilung hatte einen Ausklang, der in alle Elisabeth-Bücher eingegangen ist. Als fast alle Armen ihr Almosen empfangen hatten und weggingen, blieben im Mondschein nur die Kranken, die keine Kraft hatten, sich zu bewegen, und Kinder zurück. Elisabeth beschloss, ihnen noch etwas Geld und Brot zu geben und sie mit einer netten Geste zu erheitern, und ließ entlang des ganzen Hospitalhofes Lichter anzünden. So

13_Richard Brend'amour: Die postume Krönung Elisabeths durch Kaiser Friedrich II. am 1. Mai 1236, Holzstich nach einem Gemälde von Hermann Kaulbach (um 1890)

14_Miniatur Elisabeths zur Prosalegende Dietrichs von Apolda, Papierhandschrift in der Staatsbibliothek Preußischer Kulturbesitz (1479)

15_Sándor Liezen-Mayer, Die heilige Elisabeth von Ungarn,
Ungarische Nationalgalerie, Budapest (1882)

6

16_Moritz von Schwind, Rosenwunder,
Wandfresko auf der Wartburg (1853–1855)

wurde der Hof erleuchtet und man wusch und salbte den Armen die Füße. Die Menschen fühlten sich glücklich und begannen zu singen. Darauf sagte Elisabeth ihren berühmten Satz: »Seht, ich habe es doch gesagt, wir sollen die Menschen froh machen!« (Libellus, S. 96.) Und sie freute sich zusammen mit »ihren« Armen.

Eine andere Szene zeigt Elisabeth überhaupt nicht rigoros wie im Fall des voreiligen Haarabschneidens, sondern einfühlsam und weise. Sie betreute eine arme Frau während ihrer Niederkunft und im Wochenbett, ließ ihre Tochter auf den Namen Elisabeth taufen und beschenkte die Mutter, das Neugeborene und auch den Vater des Kindes mit warmer Kleidung, Schuhen und Geld. Die Eltern ließen aber ihr Kind allein im Hospital zurück und machten sich heimlich davon. Elisabeth handelte schnell und überlegt. Als erstes brachte sie den Säugling bei einer Pflegemutter unter. Dann ließ sie den Stadtrichter Boten ausschicken, um die flüchtigen Eltern zu finden. Die Suche brachte aber nichts, und eine Dienerin flehte ihre Herrin an, Gott um Hilfe zu bitten. Da Elisabeth Meister Konrad nicht um Erlaubnis dafür bitten wollte, sagte sie nur, der Wille Gottes möge geschehen. Kurz darauf erschien der Mann der geflohenen Frau, warf sich Elisabeth zu Füßen und bekannte, dass sie beide keinen Schritt mehr nach vorne machen konnten und so zur **109** Umkehr gezwungen wurden. Er verriet den Aufenthaltsort seiner Frau, und als diese zu Elisabeth gebracht wurde, wiederholte sie die Aussage ihres Mannes, dass sie durch eine geheimnisvolle Kraft zurückgehalten worden seien. Die beiden flehten um Vergebung. Die Anwesenden hielten es für angemessen, den Schuldigen alle Geschenke wieder wegzunehmen. Elisabeth zog sich scheinbar hinter die Aussage: »Macht, was euch gerecht erscheint!«, zurück, schenkte aber dem armen Paar hinterher neue Mäntel und Schuhe und ließ sie mit ihrem Kind ziehen. Schlechte Eltern sind eben für ein kleines Kind besser als gar keine oder erschöpfte und erkältete, so mag der Gedankengang Elisabeths gewesen sein, außerdem bereute das Paar doch sein Verhalten, so dass Hoffnung auf eine gute Eltern-Kind-Beziehung bestand. Elisabeth gedachte wie einst ihr verstorbener Gemahl des Evangeliumwortes »Und richtet nicht, so werdet ihr auch nicht gerichtet« (Lk 6,36). Ob ihr Verhalten den anderen gegenüber hart oder milde erscheint, die Marburger Hospitalschwester zog die Menschen in ihren Bann, und ihr Ruf als eine heilige Kraft besitzende Charismatikerin zog immer weitere Kreise.

Im zweiten Teil des *Libellus* mehren sich Zeugnisse der transzendenten Fähigkeiten Elisabeths und ihrer Wirkung auf Menschen, die ins Kraftfeld ihrer religiösen Ausstrahlung gerieten. Es wird berichtet, dass Elisabeth einmal von einer Edelfrau in Begleitung eines jungen, weltlich gekleideten Mannes namens Berthold besucht wurde. Elisabeth fragte den Mann, warum er seinem Schöpfer nicht diene. Der Mann erwiderte, dass er sich danach sehne, und bat sie, für ihn zu beten, damit ihm die Gnade erwiesen werde, Gott dienen zu können. Elisabeth fragte ernst, ob er das wirklich wolle, und verlangte, dass er seinerseits auch inbrünstig bete. Danach warf sie sich auf den Boden der Kirche im Kloster Wehrda, in dem sie sich zu der Zeit aufhielt, und versank ins Gebet, während sich der junge Mann an einen passenden Ort im Kloster zurückzog und auch betete. Nach einer kurzen Zeit fühlte er, dass seine Kräfte schwanden und sein ganzer Körper wie von einem Feuer verzehrt wurde. Die beiden Dienerinnen bezeugten, dass ihre Hände, mit denen sie den jungen Mann stützten, ebenfalls unerträgliche Hitze empfanden. Berthold flehte Elisabeth in Gottes Namen an, mit ihrem Gebet aufzuhören, und als sie das tat, ging es ihm gleich besser. Kurz nach dem Tod Elisabeths trat dieser junge Mann, auf solche Weise durch die geistige Ausstrahlung der Heiligen geprägt, in ein Franziskanerkloster ein.

Für die zahlreichen Entrückungszustände Elisabeths hinterließen sowohl Konrad von Marburg als auch ihre Dienerinnen Zeugnisse. Konrad bekannte, kaum je eine Frau von tieferer Andacht gesehen zu haben. Oft sah man nach einem Gebet ihr Gesicht wunderbar leuchten, aus ihren Augen schienen Sonnenstrahlen hervorbrechen. Sie befand sich manchmal mehrere Stunden im Zustand der Verzückung und nahm nachher lange

Zeit keine oder sehr wenige Speisen zu sich. Auch bei der Arbeit war Elisabeth tief in Andacht versunken, so dass sie zum Beispiel einmal nicht spürte, dass ihre Kleidung beim Hantieren am Ofen Feuer fing. Ihre Dienerin Irmgard hebt besonders ihre Gabe hervor, gleichzeitig zu weinen und fröhlich zu sein. »Aber niemals verzog oder entstellte sie ihr Gesicht beim Weinen; die Tränen flossen wie aus einem reinen Quell, wobei ihr Antlitz ganz heiter und froh blieb. Deswegen sagte sie von solchen, die beim Weinen ihr Gesicht verziehen: »Man meint, sie wollen den Herrn sozusagen abschrecken. Sie sollen ihre Gabe dem Herrn doch heiter und fröhlich darbringen!« (Libellus, S. 105).

Die »Marburger« Elisabeth ist eben nicht mehr nur die suchende, die zweifelnde, die unerfahrene Dienerin Gottes, sondern sie ist jetzt auch die Auserwählte, die, wenn sie sich in der erniedrigenden schmutzigen Arbeit verzehrt, ihren himmlischen Gemahl erblickt. So sagte sie bei der Pflege der Kranken im Hospital zu ihren Mitschwestern: »Welches Glück für uns, so unseren Herrn baden und zudecken zu können!« (Libellus, S. 98). Man darf sich aber nicht vorstellen, dass Elisabeths pflegerischer Eifer immer auf Bewunderung und Verständnis bei ihren Mitmenschen stieß. Abgesehen von Meister Konrad, der seiner Beichttochter kurzerhand verbot – wenn auch ohne durchschlagenden Erfolg –, Aussätzige und andere ansteckend Kranke bei sich zu Hause aufzunehmen und zu pflegen, teilten auch nicht alle Hospitalschwestern die Begeisterung Elisabeths bei der Behandlung von Patienten, deren Krankheiten Ekel erregten. Die folgende Aussage einer Magd klingt recht giftig: »Fühlt ihr euch wohl bei dieser Art von Leuten? Ich weiß nicht, ob es anderen auch so geht.« Elisabeth ließ sich nicht provozieren und machte einfach ihre Arbeit weiter. Diese Arbeit führte auch gelegentlich zur Heilung abseits jeder Wundertätigkeit, nur durch fleißige Behandlung der Krankheiten, bestmögliche Hygiene und das tröstende und ermutigende Wort. So erreichte Elisabeth die Genesung einer sehr übel riechenden, mit eiternden Geschwüren bedeckten Frau, deren bloßer Anblick selbst von Ferne bei den anderen

111

Ekelgefühl hervorrief. Elisabeth aber wusch sie, verband ihre Wunden und behandelte sie mit Heilsalben, zog ihr Schuhe an, streichelte ihr entstelltes Gesicht und redete ihr gut zu. Nach der Heilung dieser Frau brachte Elisabeth sie in einem Hofgebäude unter und besuchte sie oft. Sie erfüllte Wünsche der armen Frau, tröstete sie und scherzte mit ihr.

Da Elisabeth beschloss, ihr Vermögen nur für Almosen, die Unterhaltung des Spitals und die Tilgung der Schulden Ludwigs zu verbrauchen, musste sie ihren Lebensunterhalt mit dem Spinnen von Wolle und Flachs verdienen. Obwohl sie nach der Aussage ihrer Dienerin Irmgard dabei unterbezahlt wurde, sparte sie doch geringe Beträge und opferte sie für den Altar. Trotz des angeblich zu geringen Lohnes hatte Elisabeth eine strenge Arbeitsmoral: Wenn sie ihren Lohn im Voraus bekam und aus irgendeinem Grund verhindert war, die Arbeit zu Ende zu führen, schickte sie die nicht bearbeitete Wolle und einen Teil des Lohnes, den sie nicht verdient hatte, zurück an den Auftraggeber.

Beim Wollespinnen sah Elisabeth auch ein ungarischer Graf, der von ihrem königlichen Vater geschickt wurde, sie aus dem ungebührenden Leben im Elend in ihre Heimat zurückzuholen. Der ob des Anblicks entsetzte Graf bekreuzigte sich und sagte, er habe nie im Leben eine Königstochter Wolle spinnen sehen. Alle seine Versuche, Elisabeth zur Rückkehr nach Ungarn zu bewegen, nützten nichts, sie war für die höfische Welt ihrer Familie unwiederbringlich verloren.

Elisabeth versuchte auch krank im Bett liegend Wolle zu spinnen, die Dienerin riss ihr dann den Spinnrocken zuweilen aus der Hand – zu ihrer Schonung, sagt Irmgard. Rücksichtsvoll kann der Umgang der Dienerinnen mit ihrer landgräflichen Herrin wahrlich nicht genannt werden. Elisabeth wollte es auch nicht anders, zumal keine Beziehung Herrschaft/Magd. Sie versuchte den Mägden die Anreden »Herrin« und »Ihr« abzugewöhnen und sie dazu zu bringen, stattdessen »Elisabeth« und »du« zu sagen, allerdings offensichtlich ohne großen Erfolg. Sie aß mit ihren Dienerinnen aus einer Schüssel und wusch für sie

Geschirr ab. Im Unterschied zu Elisabeth war ihren Dienerinnen die soziale Kluft zwischen ihnen und der Landgräfin sehr wohl bewusst, und sie nahmen ihr Opfer nicht an: »Ihr erwerbt Euch an uns ein großes Verdienst, aber Ihr macht Euch keine Sorge, wir könnten darob hochmütig werden, dass wir mit Euch essen und uns neben Euch setzen dürfen«, sagte einmal Irmgard zu Elisabeth. Sie lehnte nicht nur die Standesunterschiede negierende Haltung ihrer Herrin ab, sondern warf ihr sogar vor, ihre Mägde in die Sünde zu treiben. Da lässt die Bettlerin von Eisenach grüßen, die Elisabeth in den Straßendreck gestoßen hatte – die »friedliche Rebellin« Elisabeth mit ihrem Anspruch der sozialen Gerechtigkeit wurde wahrscheinlich erst im 20. Jahrhundert richtig verstanden.

Wie bereits erwähnt, sagte Elisabeth ihren nahenden Tod voraus. Sie lag nur wenige Tage im Sterben, erschöpft, aber nicht leidend. Voller Freude bereitete sie sich auf die endgültige Vereinigung mit ihrem himmlischen Gemahl vor. Die um ihr Sterbelager Versammelten sahen bei ihrem sanften Hinscheiden das ewige Licht auf ihr ruhen, ihre Reden zwischen Wachen und Träumen wurden bereits als Worte der erhabenen Heiligen interpretiert. Die Zeugen berichten im *Libellus* von der Vertreibung des Teufels, der vor den inneren Augen Elisabeths erschien, und von der innigen Andacht, in welche die Sterbende an ihrem letzten Tag versunken war. Dann folgt die Szene, die bereits in Verbindung mit dem sterbenden Ludwig erwähnt wurde, der weiße Tauben gesehen hatte und dessen Seele mit ihnen zusammen wegflog: Elisabeth singt kurz vor ihrem Hinscheiden zusammen mit einem imaginären Vogel. Sie sollte sich nicht nur mit Gott vereinigen, sondern auch mit der verwandten Seele ihres geliebten irdischen Gemahls. Vögel sangen nach dem Zeugnis der Äbtissin von Wetter auch auf dem Dach der Kirche, in der die Totenvigilien für die selige Elisabeth gehalten wurden.

Dietrich erwähnt in seiner Beschreibung der letzten Stunden Elisabeths zwei Punkte, die in den Aussagen der Dienerinnen fehlen. Zum ersten geht Dietrich darauf ein, dass Elisabeth kein

113

Testament hinterlassen hatte, da sie »keinen andern denn Christum zum Erben haben« wollte. Sie gedachte in der Nacht vor ihrem Tode »keines anderen Testaments, als des Testaments des Friedens und der ewigen unvergänglichen Unsterblichkeit. Sie suchte die Gesellschaft der Engel und die himmlische Wohnstätte« (Cronica, 48v). Dies und Ähnliches vertraute Elisabeth Meister Konrad an, der ihre letzte Beichte abnahm; danach empfing sie die Sakramente. Die Erwähnung Konrads ist der zweite Punkt, den Dietrich, selbst dominikanischer Seelsorger, sich anscheinend bemüßigt fühlte, dem *Libellus* hinzuzufügen, der an dieser Stelle die Rolle Konrads völlig ignoriert. Allerdings sagt Dietrich auch nicht mehr, als dass Konrad die Pflicht eines jeden Geistlichen gegenüber einem sterbenden Menschen erfüllt hat. Bis zur Schwelle des Jenseits reichte der Einfluss Konrads nicht, er wurde auch nicht mehr gebraucht. Irmgard hörte Elisabeth vor ihrem Heimgang sprechen: »Schon naht die Zeit, da der allmächtige Herr seine Freunde rufen wird!« (Libellus, S. 106). So ging die 24 Jahre junge Elisabeth in der Nacht zum 17. November 1231 in die Ewigkeit ein.

»Gloria Teutoniae« oder »verratene Heilige«? Das Nachleben Elisabeths

Heiligsprechung und Verehrung

Nach ihrem Tod am 17. November 1231 wurde Elisabeth in der Kapelle des von ihr gegründeten Hospitals in Marburg aufgebahrt und am 19. November dort bestattet. Dieser Tag – und nicht der Todestag – wird von der katholischen Kirche als ihr Gedenktag begangen. Der aufgebahrte Leichnam Elisabeths wurde sofort zum Objekt leidenschaftlicher Verehrung, die für den modernen Geschmack zum Teil barbarische Formen annahm: Die Tote wurde regelrecht verstümmelt, indem man ihr kleine Stücke vom Körper abschnitt, um sie als Reliquien zu benutzen. Rasch verbreiteten sich Berichte von Wunderheilungen schon bei der Aufbahrung der Verstorbenen und dann am Grab Elisabeths durch das ganze Land.

Im nächsten Jahr kam der Erzbischof von Mainz nach Marburg, um Elisabeth zwei Altäre zu weihen. Bei dieser Gelegenheit sandte Meister Konrad die Aufforderung an alle, die selbst am Grab Elisabeths geheilt worden waren oder von Wunderheilungen gehört hatten, sich beim Erzbischof zu melden und vor ihm ihre Aussagen zu machen. Tatsächlich versammelte sich eine Menge von Zeugen vor dem Erzbischof und seinen Prälaten. Konrad zeichnete die Aussagen auf, fügte hinzu, was er selbst in Erfahrung bringen konnte, und schickte dieses Protokoll samt der *Summa vitae* Elisabeths mit Zustimmung des Erzbischofs an Papst Gregor IX. Das Heiligsprechungsverfahren wurde somit eröffnet, dennoch dauerte es noch zwei Jahre, bis es zu einem erfolgreichen Abschluss gebracht werden konnte. Meister Konrad, der sonst einen so guten Draht zum Heiligen Stuhl zu haben schien, konnte selbst im Kanonisierungsverfahren Elisabeths keinen Erfolg erzielen. 1233 wurde der Ketzermeister, wie wir wissen, ermordet. Erst als sich der Schwager Elisabeths, Konrad, in den Prozess einschaltete und dem Ganzen eine politische Note verlieh, erwachte das Interesse des Papstes an der seligen thüringischen Landgräfin. Gregor IX. brauchte nämlich Konrad als einen der mächtigsten Fürsten des Heiligen Römischen Reiches und ein aussichtsreiches Mitglied des Deutschen Ordens in seinem Machtkampf gegen Friedrich II. – der damalige Hochmeister des Deutschen Ordens, Hermann von Salza, stand an der Seite des Kaisers.

Konrad, der jüngste Bruder Ludwigs IV., gilt in der Geschichte als Beispiel für eine Wende »vom Saulus zum Paulus«. Er, der sich nach der Überlieferung durch Jähzorn auszeichnete, unternahm ein Jahr nach dem Tod Elisabeths einen Rachefeldzug gegen den Erzbischof von Mainz, Siegfried, wegen einer angeblichen Beleidigung des Abts von Reinhardsbrunn. Konrad verwüstete Fritzlar und mehrere kleine Orte und nahm den Bischof von Worms, einen Propst und mehrere Domherren gefangen. Dafür wurde er von Papst Gregor IX. mit dem Kirchenbann belegt. Doch er bekehrte sich, tat Buße, indem er unter anderem die Bürger von Fritzlar um Vergebung bat und sich von ihnen geißeln ließ, pilgerte nach Rom und löste sich vom päpstlichen Bann. Dann baute er in Fritzlar ein neues Münster und trat in den Deutschen Orden ein, dessen Hochmeister er später wurde. Auf diesem Weg der Bekehrung trat er mehrmals an den Papst heran, um die Heiligsprechung seiner Schwägerin voranzutreiben.

Seine Bemühungen hatten 1234 Erfolg. Der Papst ordnete eine neue Untersuchung in Sachen der Wundertätigkeit Elisabeths an – als Produkt dieser Anhörung entstand der *Libellus*, das Protokoll der Aussagen der vier Dienerinnen Elisabeths. Konrad von Thüringen reiste damit 1235 nach Perugia zum Papst. Dort wurde ein Konsistorium der Kardinäle abgehalten, die sich einstimmig für die Heiligsprechung Elisabeths aussprachen. Danach wurde der 19. November als ihr kirchlicher Gedenktag festgelegt. Zu Pfingsten 1235 erhob Papst Gregor IX. Elisabeth im Dominikanerkloster von Perugia zur Ehre der Altäre. Während der feierlichen Prozession aus diesem Anlass soll sich Konrad unter das Volk gemischt und Wachskerzen verteilt haben. Er zeigte sich gegenüber den umliegenden Klöstern und den Armen so freigebig, dass der Papst ihn bei Tisch an seiner Seite platziert und zum Abschied umarmt und geküsst haben soll.

Am 1. Juni 1235 wurde die Bulle der Heiligsprechung erlassen, die in Deutschland zunächst im Erfurter Mariendom verlesen wurde. Den 3. Mai 1236 setzte Erzbischof Siegfried von Mainz als Tag der Erhebung der Gebeine Elisabeths an. Die beiden Brüder Ludwigs IV., der Regent Thüringens, Heinrich Raspe, und Konrad wie auch Kaiser Friedrich II. selbst waren bei der Zeremonie zugegen. Drei Tage vorher öffnete der Prior des Deutschen Ordens zu Marburg, Ulrich, mit sieben Ordens- brüdern das Grab. Sie bezeugten einen Wohlgeruch, der der toten Elisabeth entströmte, und die Unversehrtheit ihres Leich- nams. Dann wurde der Kopf der Heiligen abgetrennt, Haut, Haare und Fleisch abgelöst, die Gebeine in purpurne Gewänder gehüllt und in einen bleiernen Sarg gelegt. Dieser wurde wieder ins steinerne Grab gestellt. Am nächsten Tag kam die Prozes- sion, darunter der Kaiser im grauen Büßergewand, barfuss, aber mit einer Krone auf dem Kopf, zum Grab. Der Kaiser hob als erster den Steindeckel, wobei alle Anwesenden wieder einen Wohlgeruch wahrgenommen haben sollen. Dann wurde der Sarg mit den Gebeinen der Heiligen dem Volk gezeigt, während der Erzbischof das Hochamt zelebrierte. Anschließend setzte der Kaiser eine goldene Krone auf das tote Haupt. Während des Gottesdienstes wurden Spenden für den Bau der Elisabeth- Kirche gesammelt, der bereits im Mai 1235 auf Kosten Konrads begonnen hatte. Am nächsten Morgen wurde das Grab wieder geöffnet und man fand ein duftendes Öl, das die Gebeine der Heiligen absonderten. Der Deutsche Orden verkaufte es über Jahrhunderte hinweg als wundertätiges Heilmittel.

Die heilige Elisabeth wurde neben der Muttergottes zur Patronin des Deutschen Ordens erhoben, der schon frühzeitig ihren Kult erfolgreich zu vereinnahmen versuchte. 1234 über- nahm der Orden, dessen Hochmeister 1239 Konrad von Thürin- gen wurde, das Elisabeth-Spital in Marburg und errichtete die der Heiligen geweihte Wallfahrtskirche im Baustil der Gotik. Zahlreiche weitere Spitäler wurden der heiligen Elisabeth geweiht. Das Mausoleum über ihrem Grab trägt die berühmte Aufschrift *Gloria Teutoniae* (»Deutschlands Ruhm«). Doch die Popularität der »deutschen Heiligen« überschritt mühelos und schnell alle Grenzen. Marburg wurde zum Mittelpunkt eines

119

der meistverbreitetsten Kulte in ganz Europa. Bereits Anfang 1233, zwei Jahre vor ihrer Heiligsprechung, reichte das Einzugsgebiet der Verehrung Elisabeths bis zu den Ardennen, in die Diözese Utrecht, den Magdeburger Raum und an den unteren Neckar. Mitte des 13. Jahrhunderts erstreckte sich das Kult- und Wallfahrtsgebiet dann von Frankreich und England über Mitteleuropa (Ostsee, Thüringen und Hessen, Böhmen, Polen und Ungarn) bis nach Oberitalien.

Die Ikonographie Elisabeths

Elisabeth von Thüringen wurde zu einer der beliebtesten weiblichen Heiligen aller Zeiten, worauf auch der enorme Reichtum an bildlichen Darstellungen zurückzuführen ist. Die ältesten sind der achtteilige Reliefzyklus über das Leben Elisabeths auf ihrem Schrein in Marburg, der von ihrer Tochter Sophie 1240 gestiftet wurde, und die zwölf Darstellungen in den Buntglasfenstern der Elisabeth-Kirche. Die beiden Bildzyklen entstanden innerhalb der ersten zwei Jahrzehnte nach dem Tod Elisabeths. Sie befassen sich ausschließlich mit »historischen« Begebenheiten, legendenartige Szenen wie die Weissagung Klingsors, das Kreuz- und Kleiderwunder oder die Vertreibung von der Wartburg fehlen. Diese Motive tauchen in bildlichen Darstellungen der Heiligen erst im 14./15. Jahrhundert auf.

Die Vita Elisabeths des Dietrich von Apolda wurde seit dem Ende des 13. Jahrhunderts zur wichtigsten Motivquelle. Darauf greifen auch die prominenten, umfangreichen Bildzyklen zum Leben Elisabeths, die Federzeichnungen im Krumauer Bildercodex (entstanden vor 1350, Wien, Österreichische Nationalbibliothek, Cod. 370) und 23 bemalte Eichenholztafeln an der Brüstung des Sängerchores im Heiliggeistspital in Lübeck (um 1420/30), zurück.

Die beliebtesten Motive für die bildlichen Darstellungen vom 14. bis zum Anfang des 16. Jahrhunderts sind das Kreuz-

wunder – das Erscheinen des Kruzifixes im Ehebett an Stelle
eines Aussätzigen in Anwesenheit Ludwigs und der feindlich
gesinnten Schwiegermutter – und die Vertreibung Elisabeths
von der Wartburg durch ihre beiden Schwäger. Später verlieren
sie an ikonographischer Bedeutung, um im 19. Jahrhundert vor
allem von der Malergruppe der Nazarener wieder verstärkt aufgenommen zu werden.

Eine besondere Erwähnung verdient das so genannte »Rosenwunder« Elisabeths. Ludwig, der von seinen Höflingen immer
wieder auf den verschwenderischen Umgang Elisabeths mit
dem landgräflichen Vermögen hingewiesen wurde, begegnete
seiner Frau während eines Ausritts bei einem ihrer regelmäßigen
Gänge von der Wartburg nach Eisenach, um Almosen zu verteilen. Auf die Frage Ludwigs, was sie in ihrem Korb trage, antwortete Elisabeth, es seien Rosen. Als sie auf Geheiß ihres
Gemahls den Korb mit Almosen öffnete, erblickte Ludwig dort
tatsächlich rote Rosen. Diese Episode wurde erst im 19. Jahrhundert durch die romantische Bildtradition berühmt, bis dahin
gibt es keine Darstellungen des Rosenwunders in der bildenden
Kunst im mitteleuropäischen Raum. Auf italienischen Darstellungen Elisabeths findet man zwar oft Rosen, sie sind aber
eher als ein Attribut der Heiligen und weniger als ein konkreter
Hinweis auf das beschriebene Wunder zu deuten. Oft ist die
Identifizierung der heiligen Elisabeth im romanischen Bereich
ohnehin erschwert, da sich das Rosenmotiv auch mit anderen
Heiligen wie Elisabeth von Portugal, einer Großnichte Elisabeths von Thüringen, oder Casilda von Toledo verbindet. Da
von Elisabeth von Portugal auch ein »Rosenwunder« überliefert
ist, wird angenommen, dass man im 15. Jahrhundert in der
schriftlichen Überlieferung die beiden Elisabeth-Figuren absichtlich oder versehentlich vertauschte und das Wunder der
Großnichte auf die Großtante übertrug.

Das häufigste Elisabeth-Motiv des Mittelalters und der frühen Neuzeit ist die Speisung und Tränkung der Armen. Die
Attribute der Heiligen sind dabei meistens Brot, manchmal er-
weitert durch Obst, ein Bettler oder Krüppel, proportional zur

121

Elisabeth-Figur verkleinert, eine Kanne und – seltener – ein Fisch als Symbol Christi und der Errettung der christlichen Seelen. Die Geldspende als Bildmotiv wurde trotz der eindeutigen Aussage in der hagiographischen Literatur nur auf dem Schrein und im Buntglasfenster dargestellt, dann scheint das Motiv in Vergessenheit geraten zu sein. Erst im 18. Jahrhundert wird es außerordentlich beliebt, maßgeblich beeinflusst von den Bemühungen des Deutschen Ordens, die standesgemäße Mildtätigkeit ausübende Elisabeth als Vorbild für eigene Mitglieder und vornehme Leute insgesamt anzubieten. Dementsprechend ist die feste Ikonographie dieser Darstellungen: Elisabeth als reich gekleidete Fürstin verteilt Münzen oder Schmuck.

Beliebt waren im Mittelalter auch die Darstellungen Elisabeths im Gewand einer Franziskanerin. Besonders im italienischen Raum häufen sich solche Bilder; es gibt sogar Darstellungen der Verkündung der franziskanischen Ordensregel durch die heilige Elisabeth. Diese Ikonographie, die zur Prestigesteigerung des Ordens beitragen sollte, beruht nicht auf historischen Tatsachen, denn in Wirklichkeit wurde Elisabeth als Hospitalschwester *soror in saeculo* eingekleidet.

Das Motiv der Krone bedeutet in früheren Darstellungen vor allem die himmlische Krone der Heiligen, die Elisabeth erhält;

eine Szene im Elisabeth-Fenster in Marburg stellt die Krönung Elisabeths durch die Mutter Gottes dar, parallel zur Krönung des heiligen Franziskus durch Christus. In der ersten Hälfte des 15. Jahrhunderts kommt, vor allem in den Niederlanden und am Niederrhein, das Motiv der drei Kronen auf. Die Interpretation dieser Kronen kann je nach der politischen Situation, in der das Bild bestellt wurde, unterschiedlich sein: Symbol für das dreifache Gelübde beim Eintritt ins Hospital, für die dreifache Krönung durch Geburt, Heirat und als Heilige oder für die Krönung durch Geburt, Heirat und Kaiser Friedrich II. bei der Erhebung der Gebeine. Auch können drei Kronen für die dreifache himmlische Krönung stehen, weil Elisabeth als Jungfrau, Ehefrau und Witwe heilig lebte oder weil nach Cäsarius von Heisterbach die Himmelskrone den Jungfrauen, den Märtyrern und den Geistlichen gebührt und Elisabeth alle drei Rollen erfüllt hatte. Drei ineinander gestellte Kronen wechseln in diesen Darstellungen mit zwei abgelegten und einer auf dem Haupt – die irdischen Herrscherkronen sind durch eine himmlische abgelöst worden.

Schweres Erbe? Die Kinder Elisabeths und Ludwigs IV.

Elisabeth lebte nicht nur im historischen Gedächtnis und im religiösen und moralischen Weltbild der Menschen fort. Sie und Ludwig hatten ja auch ein »leibliches« Nachleben in ihren Kindern, obwohl nur einer ihrer Töchter, Sophie, eine lange Erbfolge beschieden war; die beiden anderen starben aus unterschiedlichen Gründen kinderlos. Vom Leben dieser Kinder ist nicht allzu viel überliefert, jedoch muss man auf ihre Schicksale eingehen, allein schon deshalb, weil man auf interessante Spiegelungen der Eltern in ihren Kindern stoßen wird.

Wie wir wissen, wurden alle drei Kinder nicht anders als ihre Mutter Elisabeth und Dutzende andere Sprosse des Hochadels von den Eltern getrennt aufgezogen. Hinzu kommt natürlich der frühe Tod der beiden Eltern. Aus heutiger Sicht war der »äußere« Lebensablauf der Kinder Elisabeths und Ludwigs nicht leichter und nicht schwieriger als der anderer Adelskinder: Tod der Angehörigen, Trennung von der gewohnten Umgebung, harte Erziehung und frühes Erwachsenwerden waren die Normalität – nicht nur im Mittelalter. Über die verführerische Frage, ob die Kinder Elisabeths besonders schwer an der »Last der Heiligkeit« ihrer Mutter zu tragen hatten, kann man nur spekulieren; Belege dafür gibt es keine. Dass aber auf ihnen in der Wahrnehmung der Zeitgenossen und der nachfolgenden Generationen ein Abglanz der Persönlichkeiten ihrer beiden Eltern ruhte, macht die Überlieferung deutlich. Je legendenhafter die Berichte über das Tun der Kinder Elisabeths sind, desto enger ist die Verbindung, die zwischen der kanonisierten Heili-

123

gen, ihrem als Volksheiligen verehrten Gatten und den Nachkommen hergestellt wird.

Der junge Landgraf Hermann II., geboren 1222, wurde an einigen europäischen Herrscherhöfen erzogen. Besonders lange blieb er beim französischen König, wobei seine Gattin den kleinen Landgrafen besonders gern gehabt haben soll und ihn oft auf die Stirn küsste, auf die ihn auch seine heilige Mutter geküsst hatte. Hermann kam 16-jährig im Jahre 1238 an die Macht und scheint in die Fußstapfen seines Vaters getreten zu sein: Er übte sich in guten Werken als Friedensfürst, förderte Marburg und andere hessische Provinzen, verhalf ihnen zur Blüte und sorgte sich um das Wohl der Bauern und Bürger. Das soll den Adel gegen ihn eingenommen haben. Dieser Umstand verursachte wahrscheinlich das Gerücht über die Vergiftung des jungen Landgrafen, der überraschend nach nur drei Jahren Regentschaft 1241 ohne Erben starb. Der Mord an Hermann wurde einer Hofdame namens Bertha von Seebeck zugeschrieben, aber auch dem Onkel Hermanns, Heinrich Raspe, der bis zur Volljährigkeit seines Neffen Regent Thüringens war und nun die Macht wieder übernehmen konnte, angelastet. Die Kinderlosigkeit Heinrich Raspes nach drei Ehen sei Folge des Fluchs, der wegen seiner Sünden zuerst an der heiligen Elisabeth und dann
124 an deren Sohn auf ihm gelegen habe, munkelte man. Auch wollte man gesehen haben, dass die aufgebahrte Leiche Hermanns in Anwesenheit seiner vermeintlichen Mörderin aus der Nase blutete. Hermann wünschte sich, neben seiner Mutter in Marburg begraben zu werden, wurde aber in der Grabstätte der thüringischen Landgrafen im Kloster Reinhardsbrunn bestattet. Sein Onkel Heinrich Raspe, der 1246 starb, wurde dagegen wie sein Vater Hermann I. im Katharinenkloster in Eisenach begraben. Der Begräbnisort Heinrich Raspes soll wiederum mit dem auf ihm liegenden Fluch verbunden gewesen sein. Ein Unwetter am Tage seines eigentlich in Reinhardsbrunn vorgesehenen Begräbnisses verhinderte den Transport zur Grabstätte, so musste Heinrich Raspe in Eisenach beigesetzt werden. Wie

dem auch sei, mit Heinrich Raspe erlosch die männliche Linie der Ludowinger, Thüringen wurde zum Herrschaftsbereich der Meißner Markgrafen aus dem Hause Wettin.

Dieser Dynastiewechsel fand aber nicht ohne Kampf statt. Denn die Tochter Elisabeths, Sophie, die 1224 geboren und 1240 mit dem Herzog von Brabant verheiratet wurde, erhob für ihren Sohn Heinrich nach dem Tode ihres Mannes Anspruch auf das gesamte Herrschaftsgebiet der Ludowinger – in den Grenzen, in denen es der letzte des Geschlechts in männlicher Linie, Heinrich Raspe, hinterlassen hatte. Diese nach ihrer Großmutter väterlicherseits genannte Machtfrau scheint eher das politische Temperament ihrer anderen Großmutter, Gertrud von Andechs-Meran geerbt zu haben, allerdings zu ihrem Glück nicht das klägliche Schicksal der ermordeten ungarischen Königin. Herzogin Sophie starb in dem für das Mittelalter würdigen Alter von sechzig Jahren, zwar ohne alle ihre ehrgeizigen Pläne verwirklicht zu haben, jedoch wohl wissend, dass ihr Sohn der Begründer der hessischen Landgrafendynastie wurde.

Der Kampf um das Erbe der Ludowinger nach dem Tod Heinrich Raspes verlief folgendermaßen: Die **125** Hessen, insbesondere Marburger Bürger, schworen Heinrich, dem noch nicht regierungsfähigen Sohn Sophies und des Herzogs von Brabant, Treue, die Bürger von Eisenach dagegen und die thüringische Lehnsleute der Ludowinger erkannten die Herrschaft des Markgrafen von Meißen an. Dies waren Heinrich der Erlauchte, der Sohn der Halbschwester Ludwigs IV. und Heinrich Raspes Jutta. Als die Thüringer die Machtansprüche des Enkels Ludwigs IV. in weiblicher Linie ablehnten, erschien Sophie persönlich 1250 in Thüringen in der Hoffnung, die Eisenacher Bürger auf ihre Seite zu ziehen. Statt des von Hessen gewohnten freundlichen Empfangs stieß Sophie aber auf ein verschlossenes Stadttor. Im Zorn soll sie einige Male mit der Axt auf das Tor eingeschlagen haben. Obwohl dieses Verhalten so gar nicht nach der heiligen Elisabeth aussah, besannen sich die Eisenacher angeblich doch auf die guten Taten der Eltern Sophies und empfingen sie und ihre Gefolgschaft würdig. Schließlich fand eine Verhandlung in der Dominikanerkirche statt. Der Markgraf von Meißen soll schon kurz davor gewesen sein, den Forderungen Sophies zu entsprechen und mit ihr ein beide Seiten zufriedenstellendes Abkommen zu schließen. Angeblich streifte er bereits seine Handschuhe für den Handschlag mit ihr ab, der die Verbindlichkeit des Abkommens besiegeln sollte, doch in letzter Minute rieten ihm seine Höflinge noch davon ab. Daraufhin verlangte Sophie, dass nicht weniger als zwanzig Edelleute einen feierlichen Eid auf die Rechtmäßigkeit des Herrschaftsanspruchs des Markgrafen auf Thüringen abgeben sollten, indem sie die Hand auf eine Reliquie, eine Rippe der heiligen Elisabeth, legten, welche selbst auf den Altar gelegt wurde. Wider Erwarten Sophies fanden sich zwanzig Ritter, die dies taten. Man erzählte, dass Sophie daraufhin ihre Handschuhe zerriss und sie in Anspielung auf die Szene davor wegwarf mit dem Fluch, der Teufel solle die Handschuhe und alle falschen Ratgeber holen. Es hieß, die Handschuhe Sophies seien sofort verschwunden, und keiner der Ritter, die den Eid für den Markgrafen schworen, starb eines »guten Todes«. Offensichtlich brachte die hier wiedergegebene Volksüberlieferung den leiblichen Nachkommen der heiligen Elisabeth eine gewisse Sympathie entgegen, obwohl das ehrgeizige Verhalten Sophies nichts außer einem langjährigen Krieg mit allen negativen Folgen für die Bevölkerung Thüringens und Hessens brachte.

Der Erbfolgekrieg, den Sophie mit Hilfe ihres Schwiegersohnes Albrecht von Braunschweig – des Gatten ihrer Tochter Elisabeth – gegen die Anhänger des Markgrafen von Meißen führte, dauerte neun Jahre und erreichte

keinerlei Veränderung des politischen Status quo, er verursachte nur Verwüstung und unzählige Opfer auf beiden
Seiten. Schließlich blieb Sophie und ihrem Sohn Heinrich
nur Hessen als Herrschaftsbereich, auf Thüringen mussten
sie für sich und ihre Erben verzichten. Sophie starb 1284
und wurde in der Elisabethkirche in Marburg bestattet.
Heinrich wurde zum Gründer der Dynastie der hessischen
Landgrafen, er starb 1308.

Die jüngste, 1227 kurz nach dem Tod ihres Vaters
geborene Tochter Elisabeths und Ludwigs, Gertrud, kam
als Kleinkind ins Kloster Altenberg, wie ihre Eltern vor
ihrer Geburt gelobt hatten. Sie entwickelte sich zu einer
vorbildlichen Schwester und wurde zur Äbtissin gewählt.
In diesem Amt, das sie fast fünfzig Jahre bekleidete, führte sie die Blüte des Klosters herbei, galt nicht nur als tüch-
tige Vorsteherin des Konvents, sondern auch als eine begnadete Auserwählte Gottes und wurde nach ihrem Tod
1297 vom Papst selig gesprochen. Am häufigsten erwähnt
wird ihre Eingebung im Alter von vier Jahren, als sie in
ihrer Seele Glockengeläut vernahm und den Tod ihrer
Mutter verkündete, bevor diese Nachricht Altenberg auf
»gewöhnlichem« Weg erreichen konnte. Auch die Szene
der Zähmung eines ausgebrochenen Löwen durch
Gertrud, die so ihre streitenden Mitschwestern zur
Versöhnung bewegte, wird in der Literatur zitiert. Diese
Tochter der heiligen Elisabeth erreichte offensichtlich in
der Abgeschiedenheit des geordneten Klosterlebens den
Seelenfrieden und sogar eine Art Glückseligkeit, die ihren
Geschwistern nicht beschieden war. Inwieweit Gertrud
in ihrem frommen Leben in die Fußstapfen ihrer großen
Mutter treten wollte – und ob sie das überhaupt für ange-
messen hielt –, muss ungewiss bleiben.

Niedergang und Aufstieg – die Sicht auf die heilige Elisabeth von der Reformation bis zur Romantik

Das lebhafte Wallfahrtswesen am Schrein mit den Gebeinen der heiligen Elisabeth und die Überlieferung von Berichten über immer neue Wunder an ihrem Grab dauerten bis in die Reformationszeit an. Doch dann setzte Elisabeths Ur-Ur-Enkel, Landgraf Philipp der Großmütige von Hessen, eine Zäsur in der Verehrung Elisabeths. Als treuer Anhänger der neuen lutherischen Glaubensrichtung beschloss er, die Gebeine seiner heiligen Urahnin aus dem Schrein der Marburger Kirche zu entfernen, um den Reliquienkult zu unterbinden. Wie er dem dagegen protestierenden Landeskomtur des Deutschen Ordens, Wolfgang Schutzbar von Milchling, erklärte, sei er krank und befürchte, dass die »Abgötterei und Ketzerei« (Zit. nach Simon, S. 194) mit den Reliquien im Falle seines Todes wieder anfangen würden, wenn er die Gebeine nicht an einem unbekannten Ort begraben ließe. Am 18. Mai 1539 wurde in der Elisabethkirche eine Predigt gehalten und das Abendmahl gefeiert, dann wurde die Öffnung des Schreins in Anwesenheit des Landgrafen samt Gefolgschaft, der Spitze des hessischen Deutschen Ordens und mehrerer bedeutender Edelleute und Bürger aus der Umgebung vorgenommen. Die Prozedur der Aufschließung des Sarges und der Entnahme der Gebeine soll ziemlich pietätlos und geradezu zynisch gewesen sein; der unvorteilhafte Charakter der Darstellung könnte allerdings auch von der parteiischen Sicht des Verfassers der entsprechenden Urkunde, eines Angehörigen des Deutschen Ordens, herrühren. Da sich die Schlösser am Gitter, das den Schrein umgab, nicht öffnen ließen, hat man sie einfach zerschlagen. Den Schrein selbst hat man auf die Seite gelegt und den Boden durchbrochen, woraufhin Philipp als erster in die Öffnung hineingriff. Sein Kommentar dazu klingt wahrlich nach dem derben 16. Jahrhundert: »Das walt Gott! Das ist Sanct Elsbeths Heiligthum, mein Gebein, ihre Knochen! Komm her, Muhme Els! Das ist meine Ältermutter! Herr Commenthur, das ist schwer, wollte, dass es eitel Kronen wären, es werden der alten ungarischen Gulden sein!« (Zit. nach Simon, S. 195). Den mit rotem Damast überzogenen Kasten mit den Gebeinen Elisabeths und ihren gekrönten Schädel, der in einem speziellen Schrank in der Sakristei aufbewahrt wurde, brachte man auf das Landgrafenschloss. Die sich zu diesem Zeitpunkt im Sarg befindlichen Gebeine waren nicht mehr vollzählig, da der Deutsche Orden einige Reliquien zuvor an andere Orte verbracht oder weggegeben hatte.

Kaiser Karl V. ermahnte zwar Philipp zur Rückgabe der Reliquien, nachdem er 1539 eine Beschwerde des Deutschen Ordens erhalten hatte, der Landgraf ließ die Aufforderung aber unbeantwortet. Das Schicksal der Reliquien Elisabeths ist sehr unübersichtlich. Einigen Angaben zufolge blieben die Gebeine an einem unbekannten Ort bestattet, nach anderen Zeugnissen befanden sie sich zwischenzeitlich wieder im Besitz des Deutschen Ordens, dann sollen abermals die Landgrafen und die evangelische Kirche für die Reliquien zuständig gewesen sein. In den Schrein kamen die Gebeine Elisabeths wohl nie mehr. Um den Grabschatz Elisabeths brach ein wahrer Krieg aus, der die politischen Wirren der nächsten Jahrhunderte begleitete. Seit dem Ausbruch des Schmalkaldischen Krieges 1546 wanderten der Schrein und die dazu gehörenden Kleinodien mehrmals von den hessischen Landgrafen zum Deutschen Orden und zurück. Trotz der Empfangsquittungen gingen immer mehr wertvolle Stücke im Laufe der Zeit verloren, so auch die Krone der Heiligen, die zuerst in der Schatzkammer des Landgrafen, dann, nach ihrem Wiederauffinden und der bescheinigten Rückgabe an den Deutschen Orden, bei diesem verschollen gewesen sein soll,

bis sie auf mysteriösen Wegen ins Stockholmer Stadt-
museum kam.

Im Laufe des Dreißigjährigen Krieges sollen Stäbe der
angeblich erhalten gebliebenen Bettlade und einige andere
Reliquien Elisabeths an Vertreter europäischer Fürsten-
häuser verschenkt worden sein. So sandte Landgraf
Georg II. von Hessen-Darmstadt dem Kurfürsten Fer-
dinand von Köln 1627 einige Gebeine der heiligen
Elisabeth, darunter auch ihren Schädel, nachdem sie
heimlich aus ihrem Sarg entfernt worden waren. Das
Fehlen dieses Teils der Gebeine entdeckte das evangelische Konsistorium in Marburg, das in dieser Zeit für die
Aufbewahrung der Gebeine zuständig war, erst 1634.
Die angestellte Untersuchung ergab naturgemäß nichts
außer der bloßen Feststellung des Tatbestands. Die
Anzahl der Reliquien, die sich in ganz Europa verbreiteten, wuchs viel schneller, als sie im Sarg abnahmen. So
zählte man Mitte des 19. Jahrhunderts drei Schädel der
Heiligen, die in Breslau, Prag und Besançon aufbewahrt
wurden. Derjenige der Schädel, der als der wahre Schädel
Elisabeths angesehen wird, kam schließlich ins Katharinenkloster nach Wien.

Interessant ist das Schicksal des »goldenen« Schreins
während der Napoleonischen Kriege. Marburg gehörte
zum Königreich Westfalen, das von Napoleon Bonaparte
als Herrschaftsgebiet seines Bruders Jérôme Bonaparte
installiert worden war. Auf Befehl der westfälischen
Regierung sollte der Schrein 1810 nach Kassel abtranspor-
tiert werden, um in der Münze eingeschmolzen zu werden, da man ihn für vergoldetes massives Silber hielt. Als
festgestellt wurde, dass es lediglich vergoldetes Kupfer
über einem Eichenholzkern war, sah man von der Zerstörung ab, und der Schrein wanderte offensichtlich
mehrmals von einem Privatbesitzer zum anderen, wobei
immer mehr Edelsteine und Figuren von der Verzierung
des Schreins verschwanden. 1814 wurde der Schrein

restauriert und steht seitdem wieder in der Marburger Elisabethkirche, jedoch weiterhin ohne Inhalt. Die restlichen
Gebeine Elisabeths, die die Transporte und die Schenkungs-
aktionen der Jahrhunderte überlebt haben mögen, sind nicht
auffindbar.

Leider muss man den sterblichen Überresten Elisabeths ein
unruhiges, trauriges, wenig pietätvolles Schicksal bescheinigen.
Elisabeth selbst hat aber zu Lebzeiten ihrem Körper offensichtlich auch herzlich wenig Bedeutung beigemessen. Ihr wahrer
Triumphzug fand im Bewusstsein der europäischen Völker
statt, ihr Bild veränderte sich zusammen mit der Geistesentwicklung des Abendlandes und seiner bildenden Kunst – und
unabhängig vom Verbleib ihrer Reliquien und vom Umgang
mit ihnen.

In allen Jahrhunderten wurde die Figur Elisabeths dem Zeitgeist
oder auch der Intention der an ihr interessierten gesellschaftlichen Gruppen entsprechend dargestellt. Einige ihre Eigenschaf-
ten traten ins Licht, die anderen in den Schatten oder wurden
ganz verschwiegen. Besonders deutlich wird eine solche An-
passung Elisabeths an die Bedürfnisse einer bestimmten sozialen Gruppe in der bildenden Kunst des Barock. Das Elisabeth-
Bild des 17. und 18. Jahrhunderts wurde entscheidend durch die
131 Botschaft des Deutschen Ordens an seine adeligen Mitglieder
und Gemeinden geprägt. Elisabeth wird auf den meisten Altar-
gemälden, privaten Andachtsbildern und in anderen Kunstwerken dieser Zeit stets als eine hehre Fürstin dargestellt, im
Glanz ihrer kostbaren Kleidung und Juwelen, mit einem Gesicht, das zwar schön und sanft, jedoch ohne Spuren von Leid,
ohne Ausdruck von Sorge um das Elend der Welt ist. So wurde
die Aufmerksamkeit der Gläubigen von der wichtigsten, uns
aus den schriftlichen Quellen über ihr Leben bekannten Tugend
und Besonderheit Elisabeths – ihrem gewollten und program-
matischen sozialen Abstieg – bewusst abgelenkt. Eine Landgräfin, die sich am liebsten mit dem dreckigen, gemeinen Volk
abgab, um ihm durch niedere körperliche Arbeit zu helfen, die

nicht nur von ihrem Beichtvater, sondern auch von den Mägden gedemütigt, beschimpft und geschlagen wurde, war als Identifikationsfigur für den Adel nicht besonders geeignet. Die barocke Elisabeth, die europäische Herrscherhäuser und der Deutsche Orden auf ihren Gemälden sehen wollten, ist die vornehme Dame, deren Gestalt, von allem Irdischen losgelöst, umgeben von Engeln auf Wolken schwebt, deren mit der Heiligengloriole gekröntes Haupt sich bereits in den himmlischen Sphären befindet, deren Augen mild zu den keinesfalls schockierend aussehenden Armen und Krüppeln herabschauen, ohne sie wirklich zu sehen, oder gar gen Himmel gerichtet sind. Das ist eine Elisabeth, die Almosen verteilt, ohne die Hände der Armen zu berühren. Den Adeligen, denen Elisabeth als Vorbild eines mildtätigen Lebens angeboten wurde, war auch nicht zuzumuten, eigenhändig Aussätzige zu pflegen und sich unter das ungepflegte Volk zu mischen.

Um die Jahrhundertwende zum 19. Jahrhundert wehte ein neuer Wind in Europa: das Zeitalter der Aufklärung, des Rationalismus, des Freidenkertums. Die Philologen, Historiker und Kunstkritiker riefen nun nach der »wahren«, der »historischen« Elisabeth. Man versuchte in wissenschaftlichen Abhandlungen und seit der Mitte des 19. Jahrhunderts auch mit Neueditionen

der Textquellen über das Leben der heiligen Elisabeth das ursprüngliche Bild der mittelalterlichen Elisabeth wiederherzustellen. 1797 erschien das bemerkenswerte Werk von Karl Justi »Elisabeth die Heilige, Landgräfin von Thüringen«, in welchem der den rationalistischen Ideen des Voltaire verpflichtete Autor das Mittelalter als »Barbarei« beschrieb und bedauerte, dass die »fromme Schwärmerin« Elisabeth nicht in einem besseren Zeitalter leben konnte, wie sie es verdient hätte. Aber auch die neukatholische Bewegung vereinnahmte Elisabeth als ihre Heilige. Diese Bewegung half der katholischen Kirche, die besonders im Frankreich der nachrevolutionären Wirren um ihren Einfluss fürchten musste, wieder auf die Beine, indem das Bürgertum als eine neue Stütze und Basis entdeckt wurde. Die

Kirche bot sich ihm als Ordnungsfaktor an, wobei nicht der Kampf, sondern die »Versöhnung der Klassen« als Parole ausgegeben wurde. Elisabeth, die den Armen half, konnte als Gallionsfigur für diese Ideologie benutzt werden, denn nicht der Klassenkampf, sondern die Herrschenden sollten eine gerechtere Verteilung gewährleisten. Diese Intention machte wie im Zeitalter des Barock das Betonen der willigen Armut Elisabeths, ihre ärmliche Kleidung und ihre nicht standesgemäßen Tätigkeiten unvorteilhaft. In der erbaulichen »Massenliteratur« wurden die Aussagen der mittelalterlichen Quellen, z.B. des Dietrich von Apolda, umgedeutet. So wurde erwähnt, dass, obwohl Elisabeth reiche Kleidung mied, sie solche immer anzog, wenn der Anstand, ihre Rolle als Fürstin und der Wunsch ihres Gatten es erforderten. Der verurteilende Unterton gegenüber der eitlen Hofgesellschaft, der aus alten Quellen herauszulesen ist, war in der neuen Literatur nicht mehr vorhanden.

Im 19. Jahrhundert erstarkte das Interesse an der »historischen« Elisabeth gleichzeitig mit dem allgemeinen Interesse am Mittelalter, wobei der Geist der Romantik sogleich wieder begann, die in den mehr oder auch weniger zuverlässigen Quellen überlieferten Angaben zum Leben der Heiligen zu selektieren. So waren in der bildenden Kunst die Motive des Rosenwunders und der Vertreibung von der Wartburg besonders beliebt, denn sie entsprachen den emotionalen Bedürfnissen vieler zeitgenössischer Rezipienten, die in ihrer turbulenten Zeit im Wunderglauben, im Streben nach Schönheit und im Mitleids empfinden Zuflucht suchten. Das Erscheinen des Elisabeth-Buches des Grafen de Montalembert 1836 gab der Kunst- und Literaturproduktion zum Thema »Elisabeth von Thüringen« insbesondere in Deutschland einen starken Impuls, wo man sie als eine »Nationalheilige« entdeckte. Besonders bemerkenswert ist dabei die verstärkte Nutzung von Szenen aus dem Leben Elisabeths für die Ausschmückung öffentlicher Räume (so zwei Säle der Wartburg, der Festsaal des Erfurter Rathauses, die Marburger Universitätsaula), was zum Programm der Schaffung eines Gefühls der nationalen Größe durch Vergegenwärtigung

133

und Glorifizierung der Geschichte passte. Alle »freien Künste«, Philologie, bildende Kunst, Musik, arbeiteten an einem Denkmal der eigenen »neuen Heiligen«, indem sie ihre Figur gefühlsbetont heroisierten oder religiös dramatisierten. Die philosophischen und politischen Strömungen des 19. Jahrhunderts, vor allem die revolutionär oder konservativ gefärbte Romantik, schrieben ein gewaltiges Kapitel im Nachleben Elisabeths. Einige bedeutende Werke verdienen es, ausführlicher vorgestellt zu werden.

Der bereits erwähnte Graf Charles Forbes de Tyron Montalembert, gerade mal zwanzigjährig, siedelte infolge der Juli-Revolution von 1830 in Frankreich nach München um und schloss sich dem Gelehrten- und Literatenzirkel um Guido Görres an. Dort erholte man sich von den »Mühen des Tages« bei einem gepflegten Disput über philosophische, historische und politische Fragen. Gelegentlich beteiligten sich an den Abenden auch der aus Regensburg angereiste Clemens Brentano und der künftige Kardinal Diepenbrock, der gerade an der Herausgabe der Schriften Heinrich Seuses, eines Predigers und Mystikers des 14. Jahrhunderts, arbeitete. Die Münchener Universität entwickelte sich in den 1830er Jahren gerade zu einem der Zentren der christlich-katholischen Philosophie und Historiographie. In der Polemik gegeneinander gaben sich Schelling, Baader und Hegel die Ehre. Der Görressche Zirkel förderte auch das Studium der Literatur- und Sprachgeschichte. Der Minnesang, der Meistersang und die Volksmärchen wurden einer breiten Öffentlichkeit zugänglich gemacht, und es etablierte sich eine positivere Betrachtungsweise der Kunst des deutschen Mittelalters. Dieser Münchener Universitätskreis lieferte dem Grafen de Montalembert Anregungen und Ideen für sein Buch über Elisabeth, das in Frankreich großes Aufsehen erregte und die öffentliche Meinung hinsichtlich der Bewertung des Mittelalters entschieden beeinflusste. Das den Titel »Das Leben der heiligen Elisabeth von Ungarn, Landgräfin von Thüringen und Hessen« tragende Buch Montalemberts, das 1836 in Frankreich erschien und bereits ein Jahr später ins Deutsche

übersetzt wurde, erschütterte das gängige Bild vom »dunklen
Mittelalter«, das in Europa seit der Renaissance über den »frivo-
len Geist« Ludwigs XIV. bis hin zu Voltaire und Jean Jacques
Rousseau vorherrschte. Warum das Buch Montalemberts neben
solchen Standardwerken wie »Der Geist des Christentums« von
Chateaubriand das romantisch gesinnte – und nicht nur das kon-
servative – Publikum in Europa begeisterte, zeigt das folgende
längere Zitat in der Übersetzung von J. Ph. Städler, das schwung-
voll und leidenschaftlich einen Umriss des Lebens der heiligen
Elisabeth gibt:

»[Der erste Teil des Lebens Elisabeths] ist ganz ritterlich,
ganz dichterisch und recht dazu geeignet, die Einbildungskraft
eben so sehr zu entzücken, als Frömmigkeit einzuflößen. Aus
der Tiefe Ungarns, aus diesem halb unbekannten, halb orientali-
schen Lande, der Grenze der Christenheit, das sich der Einbildungskraft im Mittelalter geheimnisvoll großartig darstellte,
kommt sie an den thüringischen Hof, den glänzendsten, poesie-
reichsten von ganz Deutschland. Während ihrer Kindheit wird
ihre frühreife Tugend verkannt, ihre Frömmigkeit verachtet;
man will sie schimpflich ihrem Vater zurückschicken; ihr Verlobter aber bewahrt ihr eine unerschütterliche Treue, tröstet sie
über die Verfolgungen der Bösen und heiratet sie, sobald er Herr
seiner Länder ist. In ihrem Herzen fließt die heilige Liebe einer
135 Schwester zusammen mit der feurigen Zärtlichkeit der Gattin
gegen denjenigen, mit dem sie ihre Kindheit geteilt, ehe sie sein
Lager teilte, und der in Frömmigkeit und inbrünstiger Andacht
mit ihr wetteifert: anmutvolle Innigkeit, kindliches, köstliches
Vertrauen herrschen in ihrem Bunde. Während der ganzen Dauer
desselben bieten sie das rührendste, erbaulichste Muster einer
christlichen Ehe dar, ja man darf behaupten, dass unter allen heiligen Frauen keine in so hohem Grade, wie Elisabeth, das Urbild
einer christlichen Gattin vorgestellt habe. Aber mitten im Glücke
dieses Lebens, der mütterlichen Freuden, der Huldigung und
des Glanzes eines ritterlichen Hofes, schwingt sich ihre Seele
schon durch Abtötung, Demut und die feurigste Andacht der
ewigen Quelle der Liebe zu, und entwickeln und entfalten sich

die Keime des höhern Lebens, das in ihr lag, in einer grenzenlosen Nächstenliebe, in einer unermüdlichen Sorgfalt für jede Not der Armen. [...] An der Verzweiflung, die bei dem so rührenden Abschiede, und später, als sie den zu frühen Tod ihres Vielgeliebten vernimmt, ihr Herz zerreißt, erkennt man, wie viel Energie, wie viel Zärtlichkeit dieses junge Herz in sich schloss: kostbare, unüberwindliche Energie, die wohl verdiente, sich der Eroberung des Himmels zu weihen; tiefe unersättliche Zärtlichkeit, die nur Gott befriedigen und belohnen konnte [...] Zum Ersatze für ihre strengen Bußübungen, ihre freiwillige Armut und das Joch des Gehorsams, unter das sie täglich ihr ganzes Wesen beugt und bricht, gewährt ihr ihr himmlischer Gemahl übernatürliche Wonnen und Kräfte. Inmitten der grausamsten Verleumdungen, Entbehrungen und Demütigungen hat sie nicht die geringste Anwandlung von Traurigkeit; ein Blick, ein Gebet von ihr reichen hin, die Übel ihrer Brüder zu heilen. In der Blüte ihrer Jahre ist sie reif für die Ewigkeit, und stirbt, ein Triumphlied singend, das man die Engel im Himmel wiederholen hört« (Montalembert, S. 62–64).

Der bis ins 20. Jahrhundert hinein viel gelesene katholische Volksschriftsteller und Theologieprofessor Alban Stolz versuchte in seinem erbaulichen Werk »Die heilige Elisabeth. Ein Buch für Christen« von 1865, das sich insbesondere an weibliches Publikum richtete, das Stürmische und Dramatische in der Darstellung Montalemberts durch das Ruhig-Unterweisende zu ersetzen. Dass Stolz aber trotzdem der neukatholischen Romantik viel abgewinnen kann, zeigt seine Beschreibung des Elisabeth-Brunnens bei Marburg, an dem Elisabeth oft innige Andacht gehalten haben soll und an dem sich später die Dorfbewohner versammeln, um der Heiligen zu huldigen: Die Natur an diesem entlegenen Ort bilde einen Rahmen, einen Tempel für das innige Gebet, »hohe Waldbäume sind die Säulen, das Himmelsgewölbe die Decke, der grüne Rasen der Fußboden, und statt einem Altarbild tragen diese Landleute das Andenken und die Verehrung zu der lieben Heiligen im Herzen, und als Orgelspiel bei dieser gemeinsamen Andacht dient das Rauschen des Brunnquells und Windeswehen in den Baumwipfeln – und wohl mag ihr Geist selbst hier lieber unter den frommen Betern im Wald weilen, als in der prächtigen Steinkirche, welche ihr zu Ehren in Marburg gebaut und deren Inneres in neuerer Zeit mit reichem Gold- und Farbenschmuck wiederhergestellt worden: denn die Hauptsache dort ist eben nicht hergestellt; weil die Kirche jetzt im Besitz einer unkatholischen Confession sich befindet« (Stolz, S. 303). Die »Pastorale« schießt plötzlich einen Pfeil auf die protestantische Glaubensrichtung ab.

Entsprechend seinem didaktischen Auftrag stellt der Autor immer wieder einen Bezug zwischen den biografischen Angaben zu Elisabeth und dem alltäglichen Leben seiner Leser her. So begründet er den Vorteil der Ehepartnerwahl durch die erfahreneren Eltern vor der eigenständigen Entscheidung der jungen Leute mit dem Bild der »christlichen, schönen und guten« Ehe von Ludwig und Elisabeth, die ja als kleine Kinder verlobt wurden. Stolz ermahnt sein gutbürgerliches Publikum am Beispiel der Königstochter Elisabeth, die so viel Leid am Thüringer Hof durch böse Zungen und später als ausgestoßene Witwe erfahren hatte: Die Behauptung, Menschen von hohem Stande seien von Leid nicht so oft betroffen wie die Armen, sei falsch, erstere erführen dieses Leid viel schmerzvoller als die einfachen Menschen, da sie durch das Leben im Wohlstand verwöhnt und verzärtelt seien. Bemerkenswert ist auch Stolz' Erklärung, warum die fromme und keusche Elisabeth heiratete, statt Jungfrau zu bleiben und in ein Kloster einzutreten: Sie habe gewusst, dass sie von ihren Eltern für die Heirat bestimmt war, und habe ihrem Willen nicht widersprechen wollen. Außerdem müsse es sich nicht zwangsläufig aus der Frömmigkeit eines jungen Mädchens ergeben, ins Kloster zu gehen, denn der Stand der Ehe sei von Gott geheiligt: Die wahren Christen sollen sich fortpflanzen und ihre vorbildliche Gesinnung an die Kinder weitergeben, sonst könne die Frömmigkeit aussterben. Zur Bekräftigung wird eine Aussage des Chrysostomos, eines Kirchenvaters des 4. Jahrhunderts, zitiert, dass fromme Jungfrauen im Geiste jungfräulich bleiben, auch wenn sie verheiratet sind. Wenn sich das Elisabeth-Bild des Grafen de Montalembert an die Leser wendet, die über den »Werther« Goethes Tränen vergießen, hat Alban Stolz Biedermeier-Frauen aus dem guten Hause als sein Publikum im Blick.

Gegen die katholischen Quellenforscher und Biografen Elisabeths macht der evangelische Oberpfarrer und Historiker Gustav Simon mit seiner Monografie zu Ludwig IV. und Elisabeth von 1854 Front. In seiner umfassenden Quellenübersicht bescheinigt er einigen bislang als zuverlässig geltenden Schriften Überbewertung und falsche Zuordnung, so nennt er eine Heidelberger Franziskanerhandschrift »nichts als eine alberne Franziskanerlegende«. Simon polemisiert sowohl gegen die aufklärerische Forschung der Jahrhundertwende mit ihrem prominenten Vertreter Karl Justi als auch gegen den Neukatholizismus. Justi sei nach Simon einer der Vertreter der »vulgären rationalistischen Schule«, die das Mittelalter verachtete. Genauso wenig Gutes kann Simon aber auch dem Werk von Montalembert abgewinnen, das ja einen dem Geist Voltaires entgegengesetzten Blick auf das Mittelalter und Elisabeth bietet. Das »mit der glühenden Beredsamkeit« geschriebene Buch sei trotz der vielen »gelehrten Citationen« ein Phantasiegebilde, in dem die Wahrheit so durch legendenhafte Ausschmückung verhüllt sei, dass man sie nicht finde. Der Beweggrund Montalemberts war, nach Simons Meinung, die Vermittlung eines bestimmten katholischen Bildes der Heiligen, das durch die Ausschmückung der Mönche in späteren Jahrhunderten geprägt worden war (Simon, S. xxix f.).

Simon selbst setzt sich nach eigener Aussage das Ziel, ein genaues historisches Bild des Lebens des Fürstenpaares und der zeitgenössischen Sitten, Überzeugungen und Gewohnheiten zu zeichnen. Er hält nur drei Quellen für streng zuverlässig: die Lebensbeschreibung Ludwigs von Kaplan Berthold, die Aussagen der vier Dienerinnen Elisabeths und die *Summa vitae* Konrads von Marburg. Doch lässt die Untersuchung des »strengen Wissenschaftlers« Simon genau erkennen, welche politischen Winde im Land wehten. Der erwachende Geist einer Nation, der

Nachklang der 1848er-Revolution stehen sicherlich hinter Simons Zeilen: »[Die Zeit der Staufer war] eine Zeit der höchsten Kraftentwickelung und Blüte unsers Volkes. Nach außen war der Name des heiligen römischen Reiches deutscher Nation noch kein Gegenstand der Schmach und des Spottes, die Kaiserwürde noch kein leerer Schall, die Kaiserkrone noch nicht das Symbol der Ohnmacht und Schwäche. Zwar auch damals gab es Fürsten in Deutschland, die an Macht und Ansehen mit dem Kaiser wetteifern konnten, ja zum Teil seine Hausmacht weit übertrafen; aber sie sahen in ihm damals noch den obersten Repräsentanten ihrer fürstlichen Würde, den Mittelpunkt des Reiches, den Führer der Christenheit, dessen Ehre ihre Ehre war, dessen Macht und Herrlichkeit auch ihrer Würde Glanz und Ansehen verlieh. Wenn der Kaiser rief, so waren noch alle Fürsten da, ihrem Oberlehnsherrn in Krieg und Sieg zu folgen, die Ungehorsamen und Widerspenstigen zu züchtigen und allerwegen die Würde des Reiches zu behaupten. Bei dem Allem war es ein unruhvolles Zeitalter und es fehlte nicht an den vielfältigsten innern Kämpfen und Fehden. Aber das vorhandene Maß von Kraft war so gewaltig, dass dies Alles eine gedeihliche innere Entwickelung nicht zu stören vermochte« (Simon, S.1f.). Über die Fehden, in die Ludwig verwickelt war, macht Simon auch eine Aussage, die in seine eigene Zeit gerichtet ist: Man

139 habe nicht lange diplomatisch verhandelt, man setzte sofort Waffen ein und unternahm eine Kraftprobe, danach habe man aber bald wieder Frieden geschlossen, aus Feinden wurden schnell Freunde. »Solange im Reiche noch die oberste Gewalt in starken Händen war, war diese Weise auch so übel nicht. Diese Fehden und kleinen Kriege konnten wohl im Einzelnen drückend werden, für die Nation selbst lag hierin damals noch keine Gefahr.« (Simon, S. 42.) So hat sich auch diese Art »politischer« Romantik die Zeit, in der Elisabeth lebte und die sie prägte, zu eigen gemacht. Luther folgend, macht Simon Elisabeth schließlich zu einer »evangelischen« Heiligen, weil die evangelische Kirche eine ungeteilte und wahre apostolische Kirche sei und Elisabeth Vorbild des apostolischen Lebens liefere.

Die Figur Elisabeths beflügelte auch bedeutende Komponisten des 19. Jahrhunderts. Ihrer Fantasie und der ihrer Librettisten waren keine Grenzen gesetzt, so dass man in Franz Liszts Oratorium »Die heilige Elisabeth« und in Richard Wagners »Tannhäuser« den Bezug zu der »mittelalterlichen« Elisabeth nur erahnen kann.

Liszts Oratorium beginnt mit der Szene der Ankunft der jungen Elisabeth auf der Wartburg, dann folgen das Rosenwunder, der Abschied von Ludwig, der zum Kreuzzug aufbricht, und die Vertreibung von der Wartburg durch die Schwiegermutter Sophie, die selbst über das Land herrschen will. Dieser Teil des Werkes endet in einem ungeheuren Gewitter, im Toben der Elemente um das Landgrafenschloss herum. Zum Schluss kommt die Szene des versöhnlichen Todes Elisabeths, die das Wiedersehen mit ihrem verstorbenen Gatten im Jenseits ahnt und sich, von Freude erfüllt, in Gottes Hände gibt. Als Epilog folgt dann die Huldigung der heiligen Elisabeth und ihrer Wunder durch deutsche sowie ungarische Bischöfe in Anwesenheit des Kaisers.

Richard Wagner ließ sich von den Legenden über den Wartburgkrieg und über den Minnesänger Tannhäuser – der historische Prototyp wurde Tanhûser genannt und lebte vermutlich zwischen 1200/05 und 1266/70 – inspirieren. Elisabeth, die jungfräuliche Fürstin, liebt den Sänger Tannhäuser, der ein Jahr lang auf dem Hörselberg bei Frau Venus weilte. Als beim Sängerwettbewerb die Teilnehmer die heilige christliche Liebe zu preisen beginnen, besingt Tannhäuser die Leidenschaft der Liebesgöttin. Die Ritter zücken ihre Schwerter, aber Elisabeth fleht um sein Leben. Der Landgraf befiehlt Tannhäuser, nach Rom zu pilgern und den Papst um Vergebung zu bitten. Der Papst lässt sich nicht erweichen: So wenig, wie sein Stab grüne Blätter treiben kann, so wenig kann die Sünde Tannhäusers, der »Teufelin« Lust erfahren zu haben, vergeben werden, verkündet das Kirchenoberhaupt. Der verzweifelte Tannhäuser will zurück auf den Venusberg, trifft aber auf Wolfram von Eschenbach, der ihm vom nahen Tod der liebeskranken Elisabeth berichtet.

Tannhäuser eilt zum Schloss, findet Elisabeth aber schon aufgebahrt. Er ruft sie an als Heilige, seine Fürbitterin vor Gott zu
sein. Kurz darauf bringen die aus Rom heimkehrenden Pilger
Nachricht von einem Wunder: Der Stab des Papstes begann zu
grünen. Die Fürbitte Elisabeths hat dem reuigen Sünder den
Weg der Erlösung eröffnet.

Die »Heilige unserer Tage«

Die Rezeption der Lebensgeschichte Elisabeths im Laufe der
Jahrhunderte hatte Tiefpunkte und Gipfel. Der Ruf nach einer
»historischen« Elisabeth wechselte sich mit der Sehnsucht nach
einer Ikone ab, die die Ideale der jeweils aktuellen Epoche verkörperte. Das 20. Jahrhundert beleuchtete neue Facetten der
Gestalt Elisabeths: Man entdeckte die »private«, die unvoll-
kommene Elisabeth, die trotzige Elisabeth, Elisabeth als eine
Kämpferin für soziale Gerechtigkeit. Auch die Quellenforschung
kam einen großen Schritt voran, indem viele mittelalterliche
Texte neue, wissenschaftlich fundierte Editionen erfuhren.

Die am Anfang des vergangenen Jahrhunderts aufkommende
Psychoanalyse hat schnell mittelalterliche Texte über mystisch
veranlagte Frauen als Forschungsobjekt entdeckt. In den Biogra-
fien dieser oft als Nonnen, aber wie Elisabeth auch in der Welt
lebenden Frauen suchte und fand man lupenreine Bestätigungen
der neuen Theorien von Siegmund Freud und seiner Schule.
Elisabeth Busse-Wilson veröffentlichte 1931 ihr zum »Standardwerk« der psychoanalytischen Deutung einer mittelalterlichen
Gestalt sowie zum Vorreiter der feministischen Forschung avan-
ciertes Buch »Das Leben der heiligen Elisabeth von Thüringen.
Das Abbild einer mittelalterlichen Seele«. Die Autorin lehnt das
vorherrschende, immer noch von der Romantik geprägte Bild
der heiligen Elisabeth ab und führt es auf die durch die männer-
dominierte Gesellschaft geformte kollektiv-unbewusste Vorstellung von einer idealen frommen Frau zurück. Ein Forscher
des 20. Jahrhunderts könne aber, nach der Auffassung von

Busse-Wilson, den mittelalterlichen Legenden und Anekdoten das richtige Bild des Lebens Elisabeths entnehmen – die Geschichte einer Neurotikerin. Das Leben von Elisabeth wird als radikaler Protest gegen die Zwänge der feudalen Gesellschaft gedeutet. Da aber die Möglichkeiten eines aktiven, selbstbestimmten Protestes für Elisabeth als Frau in dieser Gesellschaft äußerst beschränkt waren, habe sie Neurosen entwickelt. Die Entwurzelung und Vaterlosigkeit Elisabeths in ihrer Kindheit, die frühe Heirat und der baldige Verlust ihres Mannes, ihre feindliche Umgebung und die ungerechte soziale Ordnung führten zu diesen Neurosen. Ihre Äußerungsformen seien die von Elisabeth praktizierte (auch sexuelle) Askese und eine masochistisch anmutende Abhängigkeit von ihrem Beichtvater als dem autoritären Herrscher, so Busse-Wilson. Dementsprechend erscheint Konrad von Marburg als ein sadistischer, machtgieriger Seelenfänger und Ketzerjäger, der berechnend und kaltblütig Elisabeths Autoritätssuche und -abhängigkeit ausnutzt – angeblich aus politischen Erwägungen, die der Kirche dienlich sein können, aber eigentlich aus niederem Herrschaftstrieb. Diese anthropologisch-psychoanalytische Interpretation des Lebens Elisabeths gab nicht nur der wissenschaftlichen und populärwissenschaftlichen, sondern durchaus auch der schöngeistigen Literatur der nachfolgenden Jahrzehnte einen An-

142 stoß. So findet man Spuren der psychoanalytischen Deutung auch im historischen Roman von Johanna Hofmann »Die verratene Heilige«, der seit den 1950er Jahren zahlreiche Neuauflagen erfuhr.

Der Blickwinkel, aus dem dieser Roman die heilige Elisabeth beschreibt, scheint mir symptomatisch für die Nachkriegszeit zu sein. Während Elisabeth als eine nie erwachsen Gewordene, von Autoritäten abhängige, mit ihrer Wohltätigkeit manchmal mehr Schaden als Nutzen bringende Frau beschrieben wird, wird Ludwig als ein innig liebender Gatte dargestellt, der, mit beiden Beinen auf der Erde stehend, die Unreife der Persönlichkeit Elisabeths sieht, sie aber nicht von ihrem Tun abhält, ihr im Gegenteil sogar bei ihren zum Teil ungeschickten Mildtätigkeitsaktionen die »Bälle zuspielt«, um der Liebe willen. So bestätigt Ludwig, der als einziger den Inhalt des Korbes sieht, in dem Elisabeth Almosen aus der Burg trägt, die Lüge seiner Frau, es seien Rosen. So wird nach dem Willen der Romanautorin die Legende vom Rosenwunder geboren, das keines war. Elisabeths Versuch, durch ihre auffallende Frömmigkeit der »ewige Vorwurf« in den Augen ihrer verschwenderischen und eitlen höfischen Umgebung zu sein, wird von ihrem Mann – und wohl auch von der Autorin selbst – eher als Auflehnung einer pubertierenden Jugendlichen gesehen.

In ihrer Mildtätigkeit schießt Elisabeth in der Darstellung Hofmanns oft über das Ziel hinaus, da sie das einfache Volk und seine Bedürfnisse nicht kennt. So bekommt die Episode der wunderbaren Wiederkehr eines zuvor verschenkten Mantels in die Kleiderkammer Elisabeths die folgende Interpretation: Elisabeth gibt einer Bettlerin mit einem fast verhungerten Säugling ihren besten Mantel, ohne zu überlegen, dass die Frau Geld für Essen und Milch für ihr Kind dringender braucht als das für sie unnütze fürstliche Statussymbol. Beim Versuch, den Mantel zu verkaufen, wird er sofort als Mantel der Landgräfin erkannt und die Bettlerin des Diebstahls beschuldigt. Das Wiederauftauchen des verschenkten Mantels in der Kleiderkammer der Landgräfin, das die mittelalterlichen Quellen als ein Wunder dokumentieren, verwandelt sich in einen nie aufgedeckten »Trick« des diskreten und wohlmeinenden Walther von Vargula. Er sieht nämlich den Mantel bei der ratlosen Bettlerin, kauft ihn ihr unter dem Siegel der Verschwiegenheit ab und legt ihn unbemerkt in Elisabeths Truhe. So rettet er sowohl seine Herrin vor einem Skandal als auch die Bettlerin vor dem Hungertod.

Meister Konrad wird von Hofmann als ein absoluter Unmensch dargestellt, als Fanatiker und Sadist, der es genießt, über die hörige Elisabeth zu herrschen, der aber selbst in den Bann ihrer ungewöhnlichen Natur gerät und seine Hass-Liebe durch Misshandlungen ihrer Seele und ihres Körpers zu erdrücken sucht.

143

War Elisabeth nun die »Hin-und-her-Gerissene« zwischen der Liebe zu ihrem Gatten, dem Gehorsam, ja geradezu der Hörigkeit Konrad gegenüber, ihrer tiefen Religiosität und ihren noch kindisch anmutenden Gerechtigkeitsvorstellungen? Oder war sie vielmehr eine selbstbewusste Dienerin Gottes und der Benachteiligten, die sich in ihrer Nachfolge Christi und ihrer karitativen Tätigkeit gegen die ungerechten sozialen Grundlagen ihrer Gesellschaft auflehnte? Die Anfänge dieser Interpretation findet man genau so wie die der psychoanalytischen im ersten Drittel des 20. Jahrhunderts. Hier sei das Buch von Maria Maresch »Elisabeth von Thüringen, Schutzfrau des deutschen Volkes« erwähnt.

Die Autorin hebt besonders den sozialen Aspekt der Frömmigkeit Elisabeths und die Zeitlosigkeit ihres Kampfes gegen die Klassenungleichheit hervor, sieht in ihr eine Vorreiterin der Bauernkriege und verbindet ihre Bestrebungen sogar mit den Motiven der Klassenunruhen ihrer eigener Zeit am Vorabend der Machtergreifung durch die Nationalsozialisten. Allerdings betont sie zu Recht den gewaltlosen Charakter des Protests von Elisabeth, was man weder von den Bauernkriegen noch vom »Straßenleben« der 20er und 30er Jahre behaupten kann. Der Figur Meister Konrads kann Maresch nur ein Gutes abgewinnen: als Verbündeten Elisabeths, wenn sie ihrem Gebot folgt, »geraubte« Speisen abzulehnen. »Elisabeth erscheint hier gemeinsam mit Konrad als Vertreter der Volksrechte gegenüber den damals an allen Fürstenhöfen üblichen Übergriffen. Sie wird unbewusst Trägerin einer sozialen Reform und einer Auseinandersetzung zwischen dem armen Volke und der fürstlichen Macht, die sie aus christlicher Seele heraus ohne Gewalt nach dem Vorbild Christi zu entscheiden sucht« (Maresch, S. 68f).

Die Diskussion über die »private« und »sozialreformerische«, »authentische« und »legendenhafte« Elisabeth wird bis heute lebhaft geführt. Und sie wird weitergehen, denn diese Persönlichkeit war so groß, dass sie für jedes Weltbild und jede Lebensauffassung neue faszinierende Facetten bieten kann. Elisabeth wurde von allen Bevölkerungsschichten mit echter Hingabe verehrt und glorifiziert, aber die Gloriole einer hehren Heiligen hätte sie so vehement ablehnt, wie sie ihre fürstliche Krone angesichts des dornengekrönten Schmerzensmannes ablegte: Sie wollte immer nur mit den »geringsten Brüdern« Christi zusammen sein und ihnen dienen. Ihr wurde das Glück einer geteilten, innigen Liebe und einer Partnerschaft beschert, in der man nicht nur das Ehelager, sondern auch die Überzeugungen teilt und die Meinung des Anderen respektiert; sie wollte sich aber den Genuss der ehelichen Freuden versagen, um vor lauter irdischem Glück nicht hochmütig zu werden. Sie war eine Fürstin, die nie eine sein wollte, jedoch weise Entscheidungen zum Wohle ihrer Untertanen traf und Urahnin mehrerer Herrschergenerationen wurde. Sie ließ sich von einem fanatischen Inquisitor demütigen und peinigen, erntete aber zwei Jahrhunderte später die Bewunderung und den Respekt Luthers. Sie wollte gehorsam und klein sein, hat aber de facto eine »samtene Revolution« gegen die Normen des Standesdenkens vollzogen, die die katholisch geprägten konservativen Ideologien aller Jahrhunderte nie richtig verdauen konnten. Die lichte Gestalt Elisabeths ist erstaunlich mehrdimensional.

In der traditionellen Auffassung vereint die Darstellung eines (oder einer) Heiligen die Bewunderung des außergewöhnlichen Menschen, der als Sterblicher in dieser oder jener Form den Lebens- und Leidensweg Christi wiederholt mit der an alle gerichteten Ermutigung zum vorbildlichen Leben und zu guten Taten. Es geht hier nicht um eine direkte Nachahmung der Taten der Heiligen, sondern um die persönlichen Schlüsse, die ein Gutwilliger aus dem Vorbild eines Heiligen zieht und die seine Lebenseinstellung positiv beeinflussen können. Die Ausstrahlung der Persönlichkeit Elisabeths weckte und weckt in Generationen denkender Menschen, ob katholisch oder protestantisch, ob gläubig, agnostisch oder atheistisch, ob reaktionär oder progressiv, ob konservativ oder revolutionär, ob naiv oder skeptisch, das Bedürfnis, ihre eigene Elisabeth zu finden. Das ist das wahre ewige Leben der Heiligen.

145

Literatur

Quellen zu Elisabeth von Thüringen

KÜRZEL	VOLLSTÄNDIGER TITEL
Berthold	Das Leben des heiligen Ludwig, Landgrafen in Thüringen, Gemahls der heiligen Elisabeth. Nach der lateinischen Urschrift übersetzt von Friedrich KÖDIZ VON SALFELD. Zum ersten Mal hrsg. mit sprachlichen und historischen Erläuterungen von Heinrich Rückert. Leipzig 1851.
Cronica	Cronica sant Elisabet zcu Deutsch (Erfurt, Matthes Maler, 1520) [nachgedruckt] Das Leben der heiligen Elisabeth von Thüringen. Hrsg. u. mit einer Einleitung versehen von Herbert HÖMIG. Bad Neustadt a. d. Saale 1981.
	Die Vita der heiligen Elisabeth des DIETRICH VON APOLDA. Hrsg. von Monika Rener. Marburg 1993.
	HUYSKENS, Albert: Quellenstudien zur Geschichte der heiligen Elisabeth, Landgräfin von Thüringen. Marburg 1908.
Libellus	Libellus de dictis quatuor ancillarum S. Elisabeth confectus (Büchlein über die Aussagen der vier Dienerinnen). In: Elisabeth von Thüringen. Hrsg. und eingeleitet von Walter Nigg. Düsseldorf 1963. S. 69–107 (Übersetzung identisch mit: Huyskens, Albert: Der sog. »Libellus de dictis quatuor ancillarum s. Elisabeth confectus«. Kempten & München 1911.
	Johannes ROTHES Elisabethleben. Aufgrund des Nachlasses von Helmut Lomnitzer hrsg. von Martin J. Schubert und Annegret Haase. Berlin 2005. (= Deutsche Texte des Mittelalters. 85).

Andere Quellentexte

KÜRZEL	VOLLSTÄNDIGER TITEL
	MEISTER ECKHART: Werke I–II. Texte und Übersetzungen. Hrsg. von N. Largier. Frankfurt a.M. 1993. (= Bibliothek des Mittelalters. 20–21) (= Bibliothek deutscher Klassiker. 91–92).
Erec	HARTMANN VON AUE: Erec. Mittelhochdeutscher Text u. Übertragung von Thomas Cramer. Frankfurt a.M. 1972.
Minnesang	Minnesang. Mittelhochdeutsche Texte mit Übertragungen und Anmerkungen. Hrsg., übers. u. mit einem Anhang vers. von Helmut BRACKERT. Frankfurt a.M. 1983.
Walther	WALTHER VON DER VOGELWEIDE: Sämtliche Lieder. Hrsg. u. übertragen von Friedrich Mauer. München 1972.

Nachschlagewerke
(zu beachten sind auch die Literaturempfehlungen zu entsprechenden Artikeln)

DEUTSCHE LITERATUR. Eine Sozialgeschichte. Hrsg. von Horst Albert Glaser. In 10 Bänden. Bd. 1: Aus der Mündlichkeit in die Schriftlichkeit: Höfische und andere Literatur 750–1320. Hrsg. von Ursula Liebertz-Grün. Reinbek bei Hamburg 1988.

LEXIKON DER CHRISTLICHEN IKONOGRAPHIE. Begründet von E. Kirschbaum. Hrsg. von W. Braunfels in Zusammenarb. mit G. Bandmann [u.a.] Rom [usw.] 1990. Bd. 1–8.

LEXIKON DES MITTELALTERS. München & Zürich 1980–1998. Bd. 1–9.

LEXIKON FÜR THEOLOGIE UND KIRCHE. Begründet von
M. Buchberger. Hrsg. von J. Höfer und K. Rahner. 2., völlig neu bearb. Aufl.
Freiburg i.Br. [usw.] 1986. Bd. 1–11.

Die deutsche Literatur des Mittelalters. VERFASSERLEXIKON. Begründet
von W. Stammler, fortgef. von K. Langosch. 2., völlig neu bearb. Aufl. Hrsg.
von K. Ruh [u.a.] Berlin & New York 1978–99. Bd. 1–10.

Weiterführende Literatur

ALCKENS, August: Inquisition in Deutschland und der Ketzermeister
Konrad von Marburg. München 1934.
ARNOLD, Udo u. LIEBING, Heinz (Hrsg.): Elisabeth, der Deutsche Orden
und ihre Kirche. Marburg 1983. (= Quellen und Studien zur Geschichte des
Deutschen Ordens. 18).
BAROW-VASSILEVITCH, Daria: Ich schwime in der gotheit als ein adeler in
dem lufft! Heiligkeitsmuster in der Vitenliteratur des 13. und 14. Jahrhunderts.
Göppingen 2005. (= Göppinger Arbeiten zur Germanistik. 727).
BECK, Josef: Konrad von Marburg, Inquisitor in Deutschland. Breslau 1871.
BISCHOFF, Cordula: Strategien barocker Bildpropaganda. Aneignung und
Verfremdung der heiligen Elisabeth von Thüringen. Marburg 1990.
BUSSE-WILSON, Elisabeth: Das Leben der Heiligen Elisabeth von
Thüringen. Das Abbild einer mittelalterlichen Seele. München 1931.
ELM, Kaspar: Elisabeth von Thüringen, Persönlichkeit, Werk und Wirkung.
Marburg 1982. (= Marburger Universitätsreden. 3).
GRUNDMANN, Herbert: Religiöse Bewegungen im Mittelalter.
Untersuchungen über die geschichtlichen Zusammenhänge zwischen der
Ketzerei, den Bettelorden und der religiösen Frauenbewegung im 12. und
13. Jahrhundert und über die geschichtlichen Grundlagen der deutschen
Mystik. Berlin 1935. (= Historische Studien. 267). Erweiterter Neudruck:
Darmstadt 1961. Nachdruck: Darmstadt 1977.
HOFFMANN, Johanna: Die verratene Heilige. Das Leben der Landgräfin
Elisabeth von Thüringen 1207–1231. Berlin [1995].
HOPPE, Guenter: Elisabeth, Landgräfin von Thüringen. Eisenach 1984.
(= Schriften der Wartburg-Stiftung Eisenach. 2).
JÜRGENSMEIER, Friedhelm (Hrsg.): So also, Herr ... Elisabeth von
Thüringen 1207–1231. Frankfurt a. M. 1982.

JUSTI, Karl W.: Elisabeth die Heilige, Landgräfin von Thüringen. Zürich 1797.

KRANZ, Gisbert: Elisabeth von Thüringen wie sie wirklich war. Augsburg 3 1961.

LEMMER, Manfred: »der Dürnge bluome schînet dur den snê.« Thüringen und die deutsche Literatur des hohen Mittelalters. Eisenach 1981.

MARESCH, Maria: Elisabeth von Thüringen, Schutzfrau des deutschen Volkes. Bonn 1931. (= Buchgemeinde Bonn. Religiöse Schriftenreihe. 7).

MONTALEMBERT, Graf von: Leben der heiligen Elisabeth von Ungarn, Landgräfin von Thüringen und Hessen. Aus d. Französischen von J. Ph. Städler. Mit einem Vorwort von Karl Johann Greith, Bischof von St. Gallen. Einsiedeln [usw.] 3 1898.

NIGG, Walter: Elisabeth von Thüringen, die Mutter der Armen. Freiburg 1979.

OHLER, Norbert: Elisabeth von Thüringen. Fürstin im Dienst der Niedrigsten. Göttingen [usw.] 1984.

REBER, Ortrud: Die Gestaltung des Kultes weiblicher Heiligen im Spätmittelalter. Würzburg 1964.

SCHMOLL, Friedrich: Die heilige Elisabeth in der bildenden Kunst des 13.-16. Jahrhunderts. Marburg 1918.

700 JAHRE ELISABETHKIRCHE IN MARBURG 1283-1983. Ausstellungskatalog. Bd. 1-7. Marburg 1983.

SIMON, G[ustav]: Ludwig IV. genannt der Heilige, Landgraf von Thüringen und Hessen, und seine Gemahlin die heilige Elisabeth von Ungarn. Ein geschichtliches Lebensbild aus dem Zeitalter Kaiser Friedrichs II. Frankfurt a.M. 1854.

ST. ELISABETH, FÜRSTIN, DIENERIN, HEILIGE. Aufsätze, Dokumentation, Katalog. Sigmaringen 1981.

STOLZ, Alban: Die heilige Elisabeth. Ein Buch für Christen. Freiburg i.Br. 1898.

WIES, Ernst W.: Elisabeth von Thüringen. Esslingen & München 1993.

Bildnachweis

artothek: 15; Bildarchiv Foto Marburg: 4, 7, 12; bpk: 5, 9, 13; Bridgeman Art Library: 1, 3; Foto: Thomas Tempel, Stiftung Dome und Schlösser in Sachsen-Anhalt, Museum Schloss Neuenburg: 2; Handschriftenabteilung, Staatsbibliothek zu Berlin – Preußischer Kulturbesitz, Ms. germ. 4°358/bpk: 14; Museen für Kunst und Kulturgeschichte der Hansestadt Lübeck: 10, 11; Rheinisches Bildarchiv Köln: 8; Wartburg-Stiftung, Eisenach: 6, 16. *Wir danken allen Rechteinhabern für die freundliche Genehmigung zum Nachdruck.*

Bibliografische Information der Deutschen Nationalbibliothek:
Die Deutsche Nationalbibliothek verzeichnet diese Publikation in der
Deutschen Nationalbibliografie; detaillierte bibliografische Daten
sind im Internet über http://dnb.d-nb.de abrufbar.

© 2007 by Jan Thorbecke Verlag der Schwabenverlag AG, Ostfildern
www.thorbecke.de | *info@thorbecke.de*

Dieses Buch ist aus alterungsbeständigem Papier nach DIN-ISO 9706 *hergestellt.*
GESTALTUNG | Finken & Bumiller, Stuttgart
GESAMTHERSTELLUNG | Jan Thorbecke Verlag, Ostfildern
Printed in Germany
ISBN 978-3-7995-0177-4